AF318424

DIALOGUES

SUR L'ÉLOQUENCE

DE L'IMPRIMERIE DE CRAPELET
RUE DE VAUGIRARD, 9

DIALOGUES
SUR L'ÉLOQUENCE

EN GÉNÉRAL

ET

SUR CELLE DE LA CHAIRE

EN PARTICULIER

PAR FÉNELON

—

NOUVELLE ÉDITION
revue et annotée

PAR C. O. DELZONS

PROFESSEUR AU LYCÉE DE ROUEN

BIBLIOTHÈQUE NATIONALE R. F.

———

PARIS

LIBRAIRIE DE L. HACHETTE ET Cie

RUE PIERRE-SARRAZIN, N° 14

(Quartier de l'École de Médecine)

—

1850

PRÉFACE DE L'ÉDITEUR.

Les *Dialogues sur l'Éloquence* de Fénelon, bien qu'ils n'aient paru qu'après la mort de leur auteur, et que peut-être il n'eût jamais songé à les publier, sont aujourd'hui un des livres les plus utiles et les plus justement recommandés pour l'enseignement littéraire. Embrassant en peu d'espace presque toute la matière des études oratoires de la jeunesse, et mêlant à propos le profane et le sacré, l'antique et le moderne, non seulement ils font connaître l'esprit des doctrines de Platon et de Cicéron sur l'Eloquence, mais encore ils exposent les principes et les progrès de la prédication évangélique, en mettant en regard sa simplicité originelle et l'art industrieux des orateurs religieux du xviie siècle. Ces Dialogues sont jusqu'ici le plus brillant essai d'une théorie à la fois philosophique et chrétienne de l'art de persuader; ils abondent en vues neuves et belles, quelquefois trop élevées ou trop idéales pour la pratique, mais les plus propres en général à éveiller l'amour du beau simple et le désir de le produire. Ils sont également agréables et instructifs; et la critique, l'érudition, le sentiment s'y unissent avec grace pour faire triompher dans les esprits l'idée et le goût de la véritable éloquence[1].

Le plaisir qu'ils causent à la lecture n'est diminué ni par quelques imperfections de forme et de style, plus excusables dans une œuvre posthume, ni par le manque de renseignements sur l'époque où ils furent écrits et sur la pensée qui les dicta à Fénelon. Quoique ces deux points soient encore très-obscurs, il n'est pas peut-être inutile d'en dire quelques mots.

Le chevalier Ramsay a écrit le premier que les *Dialogues sur l'É-loquence* ont été composés par Fénelon dans sa jeunesse. De cette indication vague il ne résulte pas nécessairement qu'on doive n'y voir que ce qu'on appelle vulgairement une œuvre de jeune homme; la valeur même et le succès du livre s'y opposent. De plus, il ne paraît pas que Fénelon ait composé de très-bonne heure aucun ouvrage, ni qu'il ait su tout d'abord si bien écrire. Qu'on relise quelques lettres de sa jeunesse, souvent citées avec admiration dans les *notices*, et véritablement assez médiocres, on aura peine à croire qu'il ait pu faire ces Dialogues précisément dans le même temps, c'est-à-dire, à l'époque où, tantôt à Paris, tantôt à Sarlat, chez ses oncles ou à Saint-

---

1. « Nous n'avons dans notre langue, dit M. Villemain, aucun traité de l'art oratoire qui renferme plus d'idées saines, ingénieuses et neuves, une impartialité plus sévère et plus hardie dans les jugements. Le style en est simple, agréable, varié, éloquent à propos, et mêlé de cet enjouement délicat dont les anciens savaient tempérer la sévérité didactique. » (*Notice sur Fénelon.*)

Sulpice, il rêvait aux missions du Canada ou du Levant, et s'abandonnait avec une légèreté juvénile aux élans de sa vive et poétique imagination [1].

On ne saurait d'ailleurs faire remonter plus haut que l'année 1675 (Fénelon avait alors vingt-quatre ans) la composition des *Dialogues sur l'Eloquence*, puisque on y trouve mentionné l'*Art Poétique* de Boileau, ainsi que sa traduction de Longin, qui ne parurent complétement qu'en 1674. D'autre part, il est difficile de les reporter au delà de l'année 1689, où Fénelon entra en fonctions comme Précepteur du Duc de Bourgogne, et se consacra tout entier à cette tâche laborieuse, dans laquelle il devait s'illustrer, et qui n'était pas terminée entièrement quand il fut nommé à l'archevêché de Cambrai, en 1695. Laissant ces dates extrêmes, il paraît plus convenable de s'arrêter entre les années 1681 et 1686. C'est le temps où la liaison de Fénelon avec Bossuet semble avoir été le plus étroite. Si l'on se rappelle surtout que, pendant le carême de 1684, Fénelon et l'abbé Fleury, réunis à Meaux auprès de Bossuet, prêchaient avec lui tour à tour, sans autre préparation que la méditation et la prière, et selon les principes exposés dans les *Dialogues* [2], il est naturel de penser que ce fut alors, ou peu après, que Fénelon, en souvenir de cette prédication qui avait rappelé les beaux jours de la primitive Eglise, et aussi des conférences qui se tenaient chez Bossuet, tantôt à Versailles, tantôt à Germigny, ce Tusculum du grand évêque, résolut de fixer par écrit des principes qui depuis longtemps étaient dans son cœur, et dont une si belle application venait d'être faite devant le peuple de Meaux. Vers ce même temps Fénelon prêchait à Paris : en janvier 1685, il prononçait aux Missions-Etrangères son beau sermon sur la Vocation des Gentils; bientôt après, à la révocation de l'édit de Nantes, on le choisissait pour aller en Poitou et en Saintonge, à la tête d'une mission, afin de prêcher et de convertir les Réformés, ainsi que Fléchier était envoyé en Bretagne, et Bourdaloue en Languedoc. C'est à cette époque enfin qu'il écrivait ses premiers ouvrages, l'*Education des Filles* et le *Traité du ministère des Pasteurs*, et qu'il se chargeait, sous la direction de Bossuet, de réfuter le *Traité de la Nature et de la Grace* du P. Malebranche. Ces diverses circonstances, jointes au caractère du style de ces Dialogues, ferme et pur dans sa légèreté, autorisent à croire que Fénelon les composa vers l'âge de trente-cinq ans, à ce moment de sa carrière, le plus beau et le plus heureux peut-être, où son génie, s'ouvrant aux rayons de celui de Bossuet, qui le contenait encore par sa supériorité, était pour ainsi dire dans sa fleur, et brillait d'un premier éclat, tempéré par la demi-obscurité de sa position [3].

---

1. Voy. *Histoire de Fénelon*, par M. de Bausset (3ᵉ édit.), l. I, n. XI-XX.

2. Voy. *Histoire de Bossuet*, l VII, n. VIII. — *Essai sur la vie et les ouvrages de l'abbé Fleury* (en tête de ses œuvres diverses), par Aimé-Martin.

3. Sur les liaisons de Fénelon et de Bossuet, voyez l'*Histoire de Fénelon*, l. I, n. XVIII-XXVII. — L'influence de Bossuet sur la jeunesse de Fénelon et sur la composition de ses premiers écrits est très-bien marquée dans l'*Histoire de France* de M. Henri Martin, t. XVI, p. 398 : les *Dialogues sur l'Eloquence* y sont appréciés en quelques lignes avec beaucoup de justesse et de talent.

Quoi qu'il en soit, on ne peut douter que les *Dialogues sur l'Éloquence* n'aient été écrits dans un but sérieux et avec maturité, sous l'influence, qui y est signalée en plus d'un endroit, de Bossuet et de Fleury, c'est-à-dire, des deux hommes dont l'esprit élevé et solide a dû agir le plus à cette époque sur l'esprit de Fénelon, par ascendant ou par amitié. Se proposa-t-il, en les écrivant, de réformer son siècle et le goût de ses contemporains, ou ne voulut-il que déterminer pour lui-même les principes sur lesquels il prétendait se guider dans l'art si difficile et si glorieux alors de la prédication? on ne sait. Mais soit qu'il ait eu pour objet l'instruction du public, soit qu'il n'ait écrit que pour sa propre édification, il ne faut point voir en lui un auteur, essayant laborieusement, pour un but tout littéraire, une imitation plus ou moins adroite des Dialogues de Platon et de Cicéron, ou qui veut se donner l'honneur de raffiner dans l'Eloquence, et d'y chercher une perfection chimérique. On doit le croire, Fénelon ne cédait ici ni au désir de montrer son esprit, ni à un amour aveugle de l'antiquité, ni même à un goût systématique pour les traditions et les pratiques de l'ancienne prédication. Sa pensée, en écrivant les *Dialogues sur l'Eloquence*, était plus sérieuse. Avec une critique non moins libre que dans la *Lettre à l'Académie*, et plus de confiance dans la possibilité du succès, il voulait alors, comme plus tard, ouvrir à l'éloquence religieuse des voies plus faciles et plus larges, et la délivrer de la servitude des formes dont le pédantisme des scholastiques et des rhéteurs l'avait embarrassée à plaisir. Il luttait contre le goût dominant, qui, en ce genre comme en beaucoup d'autres, lui paraissait s'écarter trop de la belle simplicité antique. Son imagination, charmée tout à la fois d'Homère et de l'Ecriture, des philosophes anciens et des Pères de l'Eglise, des graces du Platonisme et de la simplicité de l'Evangile, s'était fait un idéal d'éloquence sacrée, où ces éléments divers, se mêlant et se tempérant comme chez quelques-uns des orateurs chrétiens du ive siècle, produisaient je ne sais quoi de naturel, d'aimable, de poétique, d'abondant, qu'il essayait de substituer à la rhétorique froide et prétentieuse qui régnait dans la Chaire et captivait le vulgaire des auditeurs. Par là, sans ambitionner peut-être la gloire de grand orateur, il tendait du moins, comme les plus illustres prédicateurs de son siècle, Bossuet, Bourdaloue et Massillon, à se créer une manière propre et originale, bien moins sans doute pour s'attirer la renommée et la faveur, que par un sentiment délicat de la dignité de ce ministère, qui ne permet pas plus à celui qui l'exerce une éloquence banale qu'une vocation intéressée.

Avec les dons heureux que Fénelon avait reçus de la nature pour la prédication, une mémoire admirable, une élocution douce et abondante, beaucoup de grace et de séduction dans les manières et la personne, quelle place n'eût-il pas eue parmi les prédicateurs, à Paris et à la Cour, s'il avait voulu, comme les Mascaron, les Fléchier, les La Rue et tant d'autres, n'être qu'un orateur brillant, amoureux des paroles et avide de la gloire! Il n'eut point cette ambition, ou, pour mieux dire, il en conçut une plus belle et plus noble, celle de ne faire servir la parole qu'à la vérité et à la vertu, pour expliquer l'une et inspirer l'autre. Dans la société où il vivait, sa naissance l'appelait aux grands emplois, indépendamment de son mérite ; l'éloquence ne pouvait être pour lui un moyen de parvenir. Il se sentit, comme Platon, assez grand par lui-même pour la mépriser, et il la posséda d'autant mieux qu'il ne la chercha point. Sa gloire d'orateur, chose singulière, n'a pas souffert dans la postérité de n'avoir laissé après lui que peu de monuments de son éloquence. En lisant ses rares et élégants discours, on l'admire d'autant plus d'avoir persisté toute sa vie, en dépit des succès de l'éloquence artificielle, à rester un prédicateur apostolique, toujours simple et naturel, aussi bien quand à l'âge de vingt ans il expliquait familièrement au peuple de Saint-Sulpice l'Evangile et les mystères, qu'à l'époque où, devenu l'un des plus grands prélats de France, il prêchait sans préparation, mais non sans grace, tantôt dans sa métropole, tantôt dans les pauvres églises de son diocèse. Éloquent dans ses sermons comme dans ses ouvrages, par la seule force de son génie et de son cœur ; dédaignant l'art d'enchaîner des phrases brillantes, et ennemi des vaines recherches du style jusqu'au point d'en négliger les plus simples artifices, il fut, en écrivant et en prêchant, un modèle de douce et facile persuasion, sans qu'il paraisse avoir jamais fait pour cela d'autre effort que de laisser aller sa plume et sa parole [1].

Ce qu'il était lui-même, il lui semblait, par une illusion naturelle à quelques esprits supérieurs, que tout le monde le devait et le pouvait être, et cette idée fait, pour ainsi dire, le fond des *Dialogues sur l'Eloquence*. Sans y penser peut-être, et certainement sans orgueil, il y fait un portrait d'orateur qui est sa propre image, et il y trace un caractère d'éloquence que les anciens ont connue, mais dont parmi nous on ne voit jusque-là d'autre modèle que lui-même, avec Bossuet. Qu'on ne cherche pas d'ailleurs dans ces Dialogues une méthode régulière d'art oratoire. Fénelon ne s'est point proposé d'écrire une Rhétorique, mais tout au plus de recommander les règles qu'il avait dans l'esprit, et que son imagination, son travail et son expérience lui avaient apprises. S'il analyse et résume à grands traits les préceptes des principaux rhéteurs anciens, c'est moins pour en former un corps d'ouvrage, que pour soutenir sa propre doctrine de l'autorité des noms les plus respectés. Avant tout, ce qui l'inspire et le guide dans ces trois entretiens, c'est la morale, le goût et la foi ; il s'en fait également un appui contre l'éloquence vaine et corrompue des déclamateurs de la Chaire. Platon, Cicéron, saint Augustin, qu'il nomme si souvent, ne sont pas tant pour lui des maîtres de rhétorique que des auxiliaires de la raison et de la vérité. Enfin l'Eloquence même n'est pas à ses yeux un art brillant dont se pare ou se sert un parleur habile, mais un instrument dans les mains de l'homme de bien pour régler et éclairer les esprits. C'est par là que Fénelon,

---

1. Sur les sermons de Fénelon et le caractère de son éloquence, voyez l'*Histoire de Fénelon*, l. IV, n. xii-xvi, et le volume intitulé : *Histoire littéraire de Fénelon, ou Revue historique et analytique de ses œuvres, etc.*, par M.*** (l'abbé Gosselin), *Directeur au séminaire de Saint-Sulpice* (Paris, 1843, gr. in-8°), p. 92-94. Ce dernier ouvrage, fruit des longues études du plus savant éditeur de Fénelon, est plein de renseignements d'une très-grande exactitude, et contient (p. 109-113) une excellente analyse des *Dialogues sur l'Eloquence*.

sans admirer tout ce qui vient des anciens, les élève ici fort au-dessus
des modernes, et bien plus hardiment qu'il n'ose le faire dans la
Lettre à l'Académie. Il vante chez les anciens la naïveté et la grandeur des sentiments, jointe à la vivacité passionnée du discours ; il
condamne dans les orateurs modernes l'affectation, la frivolité, le
désir de briller et de plaire : surtout il ne reconnaît point l'éloquence
des Apôtres et des Pères dans cette prédication élégante et mondaine
qui ne tend qu'à séduire les esprits, et qu'à procurer à ceux qui y
brillent la fortune et les honneurs. Il s'indigne de voir des hommes
chargés d'un saint ministère débiter des phrases vaines, des périodes
pompeuses, des pensées à effet, et couvrir de cet appareil ou un
manque absolu de fonds, ou une morale vulgaire et une doctrine superficielle.

Pour retrouver la puissance et la dignité que la prédication avait
aux anciens jours, il faut, selon Fénelon, recourir non seulement à
la méthode libre et naturelle des orateurs de l'antiquité, mais surtout s'attacher à l'étude de l'Écriture, y travailler longtemps avant
de commencer à prêcher, se nourrir et se pénétrer en quelque sorte
de la sainte doctrine, pour en faire la matière même du discours, ou
plutôt d'une explication suivie, très-simple, mais très-animée, et
dans laquelle le récit et l'éclaircissement des faits et des traditions
vienne souvent rappeler l'attention de l'auditeur et donner de l'ali-
ment à sa foi. Fénelon regarde comme le premier devoir du prédicateur de se faire, par une préparation générale très-étendue, un grand
fonds de science dans la Religion : après quoi il veut qu'il trouve dans
la prière, dans la méditation, et surtout dans son cœur tendre et pa-
ternel, les pensées, les sentiments et les images les plus propres à
édifier et à toucher les ames. Instruire par les faits plus que par les
raisonnements, et rendre le discours persuasif, non par des traits
agréables, mais par le pathétique des mouvements et par la peinture
vive des affections et des choses, telle est en somme la doctrine
que Fénelon expose dans les *Dialogues sur l'Eloquence.* En un seul
point cette doctrine se distingue de celle qu'on peut appeler *clas-
sique.* Cicéron et, après lui, saint Augustin et la plupart des maîtres expriment par trois mots les conditions de l'Eloquence et les
devoirs de l'Orateur : *prouver, plaire, toucher (docere, delectare,
flectere*). Par là ils entendent que le discours n'est pas fait seulement
pour convaincre la raison et entraîner le cœur, mais aussi pour cap-
tiver l'imagination ; que ce n'est pas assez de la force des arguments
et des preuves, et de la vivacité des mouvements et des passions, si
l'on n'y joint la beauté des pensées et des tours ; qu'en un mot l'Eloquence, outre la conviction et la persuasion qui sont ses effets propres, doit produire dans les esprits, comme tous les arts, le charme
et le sentiment de la grace. Mais Fénelon, qui n'est pas éloigné de
croire, avec Platon et quelques anciens, que l'Eloquence n'est point
un art véritable, et qui surtout est choqué de l'abus que les rhéteurs
de tous les temps et une foule de prédicateurs du sien ont fait de ce
précepte, qu'il faut *plaire*, repousse tout d'abord un principe qui lui
semble incompatible avec la vérité philosophique comme avec la dignité de la chaire, et propre seulement à faire naître le goût des jeux
d'esprit et des ornements frivoles. Néanmoins, pour donner à l'ima-

gination la part qui lui est due, sans rien sacrifier d'ailleurs de la simplicité apostolique dont il fait une loi rigoureuse à son prédicateur idéal, il corrige adroitement le terme condamné de la formule ancienne : au mot *plaire* il substitue *peindre*, c'est-à-dire qu'il réduit cette troisième fonction de l'Eloquence à figurer et colorer fortement tout ce que la raison et le cœur peuvent inspirer à celui qui parle. Ainsi, sans faire de changement fondamental dans la théorie vulgaire, il la modifie seulement en ce qu'elle a de trop profane, et conservant la beauté dans l'éloquence sacrée, il n'en exclut que le plaisir.

Cette distinction ingénieuse et délicate a été souvent critiquée, et l'on a même reproché à Fénelon de ne l'avoir imaginée que pour le plaisir de dire quelque chose de nouveau. Ce qu'on peut dire, c'est qu'en elle-même, et principalement à l'égard de la Chaire, elle est irréprochable ; mais que, dans le développement de cette idée, Fénelon ne s'est pas mis assez en garde contre son imagination, et contre son goût pour ces peintures poétiques où il se plaisait lui-même à répandre les graces de son esprit. Qu'il demande à l'orateur religieux d'orner son discours des images et des couleurs de l'Ecriture, il n'y a là rien que de juste ; l'extrème difficulté d'employer bien ce genre de style, et l'abus qu'on en peut faire, n'empêchent pas qu'il n'ait raison de vouloir le substituer dans la Chaire à ces traits brillants et raffinés que l'éloquence fleurie de Mascaron et de quelques Jésuites y avait introduits. Mais il ne sait pas garder de mesure ; et quand, au commencement du IIe Dialogue, il ne craint pas de faire de l'Orateur une sorte de poète, et de ne mettre presque aucune différence entre l'Eloquence et la Poésie, on commence à douter de la valeur et de la solidité de sa réforme, même par rapport au prédicateur. Car dès lors n'est-il pas évident qu'il le pousse dans une voie hasardeuse, et pleine de périls pour la sévérité de son goût et pour la gravité de son ministère ? Enfin comment Fénelon espère-t-il concilier avec l'éclat d'un langage poétique et pittoresque cette simplicité apostolique qu'il estime tant ? Lui qui se montre si sévère pour l'élocution élégante et parée des prédicateurs ses contemporains, sans paraître plus satisfait de la diction sobre et unie de Bourdaloue, ne recommande-t-il pas trop vivement à son tour le charme extérieur et, pour ainsi dire, l'assaisonnement du discours, quand il veut qu'on y mette ce qu'il nomme les *peintures de la prose*, et tout le luxe des images bibliques ? On ne peut s'empêcher de signaler là un écart de ce génie brillant.

Ce qui est d'une portée plus considérable que cette correction douteuse d'un point de la théorie oratoire, c'est l'ensemble des idées de Fénelon sur la reforme de la prédication, et la hardiesse de sa critique dans les moyens qu'il propose pour lui rendre sa sincérité et sa force primitives. Après avoir admirablement montré le ridicule du bel esprit et de la déclamation dans la Chaire, avec quelle verve et quelle solidité combat-il cette méthode artificielle qui laisse tout faire à la plume et à la mémoire, et ces divisions étroites et subtiles des sermons, procédé bizarre et scholastique, par lequel l'orateur, enfermant son sujet comme dans un cercle, et le distribuant en compartiments égaux, sacrifie à une apparence d'unité et de régularité l'ardeur et l'élan de son éloquence ! Cette partie des Dialogues est, sans contredit, une des plus intéressantes, et Fénelon y montre une souplesse et une vigueur de raisonnement digne de Platon et des anciens. Beaucoup de ces idées, il est vrai, lui étaient communes avec quelques esprits éminents de son siècle. Bossuet les avait déjà conçues et mises en pratique dans ses admirables Sermons, que Fénelon dut connaître et dont il a eu le grand tort de ne point parler. La Bruyère, dans un chapitre des *Caractères*, et Fleury, dans son *Discours sur la Prédication* [1], écrivaient à peu près dans le même temps, sur cette matière délicate, des choses non moins fortes et dictées par le même esprit [2]. Mais aucun d'eux ne poussa aussi loin que Fénelon la liberté de ses opinions et les conséquences de sa doctrine. En proscrivant les sermons préparés tout exprès, appris par cœur et récités comme des exercices; surtout en déclarant qu'il faudrait, comme dans les premiers temps de l'Eglise, réserver la parole aux pasteurs, c'est-à-dire, aux évêques et aux curés, ne condamne-t-il pas l'institution des prédicateurs spéciaux, et ne ruine-t-il pas, pour ainsi dire, la profession d'orateur sacré? Ne le voit-on pas porter sa critique jusque sur certains points de la discipline concernant les prédicateurs, et oser presque blâmer ce qu'il appelle les tolérances de l'Eglise? On croit sentir que ses hardiesses respectueuses iraient plus loin encore, s'il ne craignait que son zèle, comme il dit, ne scandalisât les ames pieuses, ou même les gens de mérite que la force de la coutume et de l'exemple attache aux usages qu'il combat.

Au reste, il faut l'avouer, ces vues si hautes et si neuves auraient pu paraître alors peu praticables même à beaucoup de bons esprits. Par leur hardiesse prématurée elles préparaient l'avenir plus qu'elles n'étaient faites pour le présent. Fénelon croyait peut-être la réforme possible, parce qu'il ne faisait que rappeler les prédicateurs aux règles et aux traditions de l'Eglise primitive, et qu'il leur donnait en exemple la méthode et les succès des Pères grecs et latins, qu'il goûtait vivement, et dont il parle avec une admiration éloquente et éclairée. Mais cette simplicité antique était trop loin de son siècle; ni l'explication familière de l'Ecriture et de la Religion, ni le rude et subtil langage de saint Augustin au peuple de Carthage ou d'Hippone, ni même cette conversation onctueuse, grave, poétique, de S. Chrysostome, de S. Basile, de S. Grégoire de Nazianze, avec leur ingénieux et naïf auditoire, ne pouvaient convenir aux chrétiens raffinés ou mondains de Paris et de Versailles. Cette première forme de l'éloquence religieuse n'avait alors aucune chance de se produire avec avantage. Si, par hasard, un prédicateur vraiment évangélique, tel que le P. Desmares, le P. Séraphin, ou quelque autre, ou tel que fut dans le siècle suivant le fameux P. Bridaine, montait dans la chaire pour

---

1. Ce discours paraît avoir été composé en 1688.

2. On trouve aussi quelques idées vraies et neuves dans l'ouvrage, d'ailleurs médiocre, du P. Rapin, qui a pour titre : *Réflexions sur l'usage de l'Eloquence de ce temps* (Paris, 1672), et dont la troisième partie traite de l'Eloquence de la Chaire. Au reste il y a un assez grand nombre de livres sur cette matière publiés à cette époque; et il existe même un poème didactique sur l'*Art de prêcher*, par l'abbé de Villiers, qui est de 1682.

y faire entendre une parole familière et bizarre, mais puissante et terrible, on y allait comme à quelque chose d'extraordinaire ; c'était la mode d'un Avent ou d'un Carême : la curiosité s'y portait avec fureur, et bientôt on n'y pensait plus. Au contraire la vogue de Bourdaloue se soutenait durant trente ans. C'est que sa dialectique sévère et l'admirable égalité de son discours étaient plus appropriées aux oreilles de ce temps que le sublime inégal de Bossuet, et surtout que le négligé aimable de Fénelon. La Bruyère qui, en 1688, souhaitait impatiemment *un homme qui, avec un style nourri des saintes Ecritures, explique au peuple la parole divine uniment et familièrement,* et se flattait de voir un jour *une simple explication de l'Evangile, jointe aux mouvements qui inspirent la conversion,* s'écriait, peu d'années après, d'un ton désespéré : « Le temps des homélies n'est plus ; les Basiles, les Chrysostomes ne le rameneroient pas ; on passeroit en d'autres diocèses pour être hors de la portée de leur voix et de leurs familières instructions[1]. » En effet, on ne pouvait dès lors que regretter et rappeler de loin en loin les temps merveilleux de la prédication naissante. Il n'y avait plus de combats à rendre par la parole pour le triomphe de la foi. L'Eglise, en pleine possession de son autorité, se reposait de ses épreuves dans la jouissance de sa gloire, et croyait n'avoir plus qu'à retenir les ames par le spectacle de ses pompes et par l'attrait des discours élégants. Quelques ames austères s'affligeaient intérieurement de cette mollesse ; mais le goût des lettres et d'une élocution noble et brillante était si général et si fort, que les plus graves et les plus éloquents prédicateurs étaient entraînés malgré eux à faire de la parole de Dieu un art tout humain, un pieux délassement pour le monde, ou le fondement de leur propre gloire et quelquefois de leur fortune. De leur côté, les auditeurs les plus religieux apportaient à ces discours une attention fort mêlée ou de curiosité profane, ou d'esprit critique, ou d'admiration passionnée. Quel orateur chrétien, dans un siècle où la religion était si peu en péril, et le beau langage si en honneur, pouvait échapper à la tentation de briller dans la chaire par la régularité savante du discours, par la beauté des mouvements, et plus encore par les graces de la diction, et de cette élégance dans le goût de Balzac qu'on appelait alors proprement *académie?* En un mot, cette réforme des prédicateurs, que Fénelon souhaitait si vivement, n'aurait pu s'accomplir qu'avec celle des auditeurs. C'était donc une œuvre presque impossible, ou que le temps seul pouvait amener. Les idées suivaient leur cours ; mais, dans la pratique, Fénelon était le plus souvent réduit, comme Bossuet, à suivre l'usage établi ; en sorte qu'on leur appliquerait à propos ce que Fénelon dit dans son IIIe Dialogue, en parlant de quelques Pères de l'Eglise : « Ces grands hommes, qui avoient des vues plus hautes que les règles communes de l'Eloquence, se conformoient au goût du temps, pour faire écouter avec plaisir la parole de Dieu, et pour insinuer les vérités de la Religion. »

Ainsi, non seulement Fénelon ne réforma pas son siècle, mais il ne réussit pas même à faire école, et sa doctrine laissa peu de traces. Pendant sa vie, l'éclat de sa prédication ne fut pas assez vif pour ex-

---

1. *De la Chaire*, n. III-V, dans l'édit. de M. Walckenaer.

citer les imitateurs dans un genre d'ailleurs fort difficile, quand on n'y veut être ni médiocre ni vulgaire. Son exemple fut perdu, comme celui des missionnaires obscurs et des rares prédicateurs qui, avant lui, avaient tenté de donner cours à leur éloquence libre et naïve. L'admiration silencieuse de quelques amis, et le témoignage éclatant que La Bruyère lui rendit à la fin de son chapitre *de la Chaire*, et dans son Discours à l'Académie française, furent le seul prix que Fénelon recueillit de ses efforts. Après lui, quand ses Dialogues parurent, en 1718, on les lut, on les jugea diversement; la critique s'en occupa d'une manière assez vive[1] : et bien loin de passer inaperçus, ils firent assez de bruit pour être, dans ce siècle même, traduits à l'étranger[2]. Mais, dans la prédication, leur influence se fit peu sentir; et il ne faut pas trop s'en étonner. Au moment de leur apparition, Massillon régnait dans la Chaire, et y faisait oublier Bourdaloue : ou du moins la mode avait passé de l'un à l'autre; on ne goûtait plus les raisonnements et les portraits, mais les périodes et les tableaux. Les prédicateurs cherchaient toujours aussi peu l'instruction solide, et moins que jamais les esprits étaient montés au ton de la simplicité apostolique. Plus tard, devant les attaques formidables de la philosophie audacieuse du siècle, la Chaire ne songea pas même à essayer de cette méthode neuve et hardie que Fénelon proclamait, et qui aurait pu élever une barrière contre les progrès du scepticisme. Au lieu de se retremper dans l'étude des sources de la Religion et dans la pratique des instructions fortes et familières, elle s'abandonna de plus en plus au goût d'une piété mondaine et d'une éloquence agréable et fleurie. La décadence chaque jour croissante de la prédication dans le XVIIIe siècle ne prouva que trop avec quelle justesse Fénelon avait signalé les vices du système, et combien étaient nécessaires les réformes fondamentales qu'il proposait.

Il était naturel que les *Dialogues sur l'Eloquence* reprissent de nos jours une nouvelle faveur. L'impartialité hardie qui y règne convient à notre temps, ainsi que la variété et l'étendue des aperçus

---

1. Le rhéteur Gibert alla jusqu'à contester l'authenticité de ces Dialogues, et en fit, dans le 3e volume de ses *Jugements des savants sur les auteurs qui ont traité de la rhétorique, etc.* (Paris, 1713-1719), une critique dure et passionnée, dans laquelle il y a néanmoins quelques traits assez justes. Rollin prit la défense de Fénelon contre cet adversaire, qui était en même temps le sien. On peut voir le résumé de cette discussion dans l'*Histoire littéraire de Fénelon*, p. 109-112. C'est à ces attaques de Gibert que fait allusion D'Alembert, dans son *Éloge de Fénelon*, quand il dit : « Ses *Dialogues sur l'Eloquence*, et sa *Lettre à l'Académie française* sur le même objet, renferment les principes les plus sains sur l'art d'émouvoir et de persuader. Il y parle de cet art en orateur et en philosophe; des rhéteurs, qui n'étaient ni l'un ni l'autre, l'attaquèrent et ne le réfutèrent pas ; ils n'avaient étudié qu'Aristote qu'ils n'entendaient guères, et il avait étudié la nature qui ne trompe jamais. »

2. *Dialogues concerning Eloquence, with a Letter to the French Academy, concerning Rhetoric and Poetry...*, translated from the French, and illustrated with notes and quotations, by William Stevenson M. A. Rector of Morningthorp in Norfolk. *Glasgow*, 1760; pet. in-8°. Les notes de cette traduction, les premières sans doute qui aient été faites pour les deux ouvrages, contiennent principalement l'indication des textes anciens dont Fénelon s'est servi.

qu'ils contiennent. Considérés comme ouvrage de critique et de théorie littéraire, ils sont presque aussi intéressants pour nous que les trois *Dialogues de l'Orateur* de Cicéron l'étaient pour les anciens. Quant à l'usage qu'on en peut tirer dans les études des jeunes gens, en vue du monde ou de l'Église, ils sont également précieux; non qu'ils soient propres, comme la *Rhétorique* d'Aristote, à former dans toutes ses parties un orateur : mais étudiés avec soin, ils donneront la vraie idée de la manière de parler naturelle et sans apprêt qui est surtout faite pour réussir à notre époque; et ils aideront à ramener l'éloquence religieuse dans les voies simples, originales et pratiques, où tout l'appelle, et où elle doit chercher maintenant ses plus beaux triomphes.

L'authenticité du texte des *Dialogues sur l'Eloquence* ne repose jusqu'ici que sur l'édition posthume de 1718, publiée par le marquis de Fénelon et le chevalier Ramsay, avec une courte préface de ce dernier. Il se peut que la main de l'auteur n'y ait pas été très-fidèlement reproduite, comme il est arrivé pour plusieurs des écrits de Fénelon qui n'ont été donnés qu'après sa mort, et particulièrement pour le *Traité de l'Existence de Dieu*. Néanmoins, comme aucune publication ultérieure n'a signalé de défauts dans cette première édition, et qu'on doit supposer qu'elle a été faite sur le manuscrit original, on l'a scrupuleusement suivie dans cette réimpression, après l'avoir collationnée d'ailleurs sur les deux principales éditions des œuvres complètes de Fénelon, savoir, celle de Fr. Ambr. Didot (in-4°, t. III; 1787), et celle de Lebel (in-8°, t. XXI; 1824). On trouvera dans les notes les résultats de cette comparaison. Les observations qui y sont jointes ont pour objet d'éclaircir la doctrine de l'auteur, et d'expliquer quelques expressions rares ou difficiles. Dans le peu de critiques qu'on s'y est permises, on croit ne s'être point écarté du respect qui est dû à un si admirable écrivain.

PRÉFACE

DE L'ÉDITION DE 1718.

Les Anciens et les Modernes ont traité l'Eloquence avec différentes vues et en différentes manières : en dialecticiens, en grammairiens, en poètes. Il nous manquoit un homme qui eût traité cette science en philosophe, et en philosophe chrétien. Feu M. l'Archevêque de Cambrai nous le fait trouver dans ces Dialogues qu'il a laissés.

On trouve dans les Anciens de beaux préceptes d'Eloquence, et des règles très-délicates portées jusques à la dernière finesse : mais leurs principes sont souvent trop nombreux, trop secs, ou enfin plus curieux qu'utiles. Notre auteur réduit les préceptes essentiels de cet art admirable à ces trois qualités, à *prouver*, à *peindre*, à *toucher*.

Pour *prouver*, il veut que son Orateur soit un philosophe qui sache éclairer l'esprit tandis qu'il touche le cœur, et agir sur toute l'ame, non seulement en lui montrant la vérité pour la faire admirer, mais encore en remuant tous ses ressorts pour la faire aimer ; en un mot, qu'il soit rempli de vérités pures et lumineuses, et de sentiments nobles et élevés.

Pour *peindre*, il veut bien qu'un Orateur ait de l'enthousiasme comme les poètes, qu'il employe des figures ornées, des images vives et des traits hardis, lorsque le sujet le demande ; mais il veut que partout l'art se cache, ou du moins paroisse si naturel, qu'il ne soit qu'une expression vive de la nature. Il rejette par conséquent tous ces faux ornements qui n'ont pour but que de flatter les oreilles par des sons harmonieux, et l'imagination par des idées plus brillantes que solides. Il condamne non seulement tous les jeux de mots, mais tous les jeux de pensées qui ne tendent qu'à faire admirer le bel esprit de l'Orateur.

Pour *toucher*, il veut qu'on mette chaque vérité dans sa place, et qu'on les enchaîne tellement, que les premières préparent aux secondes, que les secondes soutiennent les premières, et que le discours aille toujours en croissant, jusqu'à ce que l'auditeur sente le poids et la force de la vérité ; alors il faut déployer les images vives, et mettre dans les paroles et l'action du corps tous les mouvements propres à exprimer les passions qu'on veut exciter.

C'est par la lecture des Anciens qu'on se forme le goût, et qu'on apprend l'Eloquence de tous les genres. Mais il faut du discernement pour lire les Anciens, car ils ont leurs défauts. L'Auteur sépare les véritables beautés de la plus pure antiquité d'avec les faux ornements des siècles suivants, nous fait sentir l'excellent et le défectueux des auteurs, tant sacrés que profanes, et montre enfin que l'éloquence des saintes Ecritures surpasse celle des Grecs et des Romains en naïveté, en vivacité, en grandeur, et dans tout ce qu'il faut pour persuader la vérité et la faire aimer.

Rien n'est plus propre que ces Dialogues à garantir contre le goût corrompu du bel esprit, qui ne sert qu'à l'amusement et à l'ostentation. Cette éloquence d'amour-propre affecte les vaines parures, faute de sentir les beautés réelles de la simple nature; ses pensées fines, ses pointes délicates, ses antithèses étudiées, ses périodes arrondies, et mille autres ornements artificiels, font perdre le goût de ces beautés supérieures et solides qui vont tout droit au cœur.

Ceux qui n'estiment que le bel esprit ne goûteront peut-être pas la simplicité de ces Dialogues; mais ils penseroient autrement s'ils considéroient qu'il y a différents styles de dialogues. L'antiquité nous en fournit deux exemples illustres, les Dialogues de Platon et ceux de Lucien. Le premier, en vrai philosophe, ne songe qu'à donner de la force à ses raisonnements, et n'affecte jamais d'autre langage que celui d'une conversation ordinaire; tout est net, simple et familier. Lucien, au contraire, met de l'esprit partout; tous les Dieux, tous les hommes qu'il fait parler sont des gens d'une imagination vive et délicate. Ne reconnoît-on pas d'abord que ce ne sont pas les hommes ni les Dieux qui parlent, mais Lucien qui les fait parler? On ne peut pas cependant nier que ce ne soit un auteur original qui réussit merveilleusement dans son genre d'écrire. Lucien se moquoit des hommes avec finesse et avec agrément; mais Platon les instruisoit avec gravité et sagesse. M. de Cambrai a su imiter tous les deux selon la diversité de ses sujets. Dans les Dialogues des Morts qu'il a écrits pour l'instruction du jeune prince son élève, on y trouvera toute la délicatesse et l'enjouement de Lucien. Dans ceux-ci, où il s'agit de donner des règles d'une éloquence grave et propre à instruire les hommes en les touchant, il imite Platon; tout est naturel, tout est ramené à l'instruction; l'esprit disparoît pour ne laisser parler que la sagesse et la vérité.

On a cru que la Lettre qui se trouvera à la suite de ces Dialogues pouvoit y être convenablement placée [1]. Le succès qu'elle a déjà eu dans le public fait espérer qu'il ne sera pas fâché de la retrouver ici. De ces deux ouvrages, le premier n'avoit pas encore paru, et a été composé dans la jeunesse de feu M. de Cambrai : le second l'a été dans les derniers temps de sa vie. On reconnoîtra dans l'un et dans l'autre le même goût, le même génie, les mêmes maximes, le même but en écrivant, de ramener tout au vrai et au solide.

---

1. Il s'agit de la *Lettre à l'Académie françoise,* publiée pour la première fois en 1716.

DIALOGUES
SUR L'ÉLOQUENCE

EN GÉNÉRAL

ET

SUR CELLE DE LA CHAIRE

EN PARTICULIER.

DIALOGUE PREMIER.

Les Personnes A. B. C.

A. Hé bien, Monsieur, vous venez donc d'entendre le sermon où vous vouliez me mener tantôt? Pour moi, je me suis contenté du prédicateur de notre paroisse [1].

B. Je suis charmé du mien; vous avez bien perdu, Monsieur, de n'y être pas : j'ai arrêté une place pour ne manquer aucun sermon du Carême [2] : c'est un homme

---

1. Le commencement de ce dialogue est imité de celui du *Phèdre* de Platon, où Socrate, rencontrant le jeune Phèdre charmé d'un discours de l'orateur Lysias qu'il vient d'entendre dans une réunion, l'engage adroitement à lui faire la lecture de ce discours, dont celui-ci a emporté le manuscrit pour l'étudier et l'admirer à son aise tout en se promenant.

2. On retenait des places pour un sermon comme pour un spectacle profane, et l'on n'en trouvait pas toujours. Mme de Sévigné écrit, le vendredi-saint, 27 mars 1671 : « J'ai entendu la Passion de Mascaron, qui en vérité a été très-belle et très-touchante. J'avois envie de me jeter dans le Bourda-loue, mais l'impossibilité m'en a ôté le goût; les laquais y étoient dès mercredi, et la presse étoit à mourir. » La Bruyère, au commencement de son chapitre *de la Chaire*, déplore ainsi cet empressement de curiosité mondaine: « Le discours chrétien est devenu un spectacle. Cette tristesse évangélique qui en est l'ame ne s'y remarque plus; elle est suppléée par les avantages de la mine, par les inflexions de la voix, par la régularité du geste, par le choix des mots, et par les longues énumérations. On n'écoute plus sérieusement la parole sainte; c'est une sorte d'amusement entre mille autres; c'est un jeu où il y a de l'émulation et des parieurs. »

admirable : si vous l'aviez une fois entendu, il vous dégoûteroit de tous les autres.

A. Je me garderai donc bien de l'aller entendre, car je ne veux point qu'un prédicateur me dégoûte des autres; au contraire, je cherche un homme qui me donne un tel goût et une telle estime pour la parole de Dieu, que j'en sois plus disposé à l'écouter partout ailleurs. Mais puisque j'ai tant perdu, et que vous êtes plein de ce beau sermon, vous pouvez, Monsieur, me dédommager : de grace, dites-nous quelque chose de ce que vous avez retenu.

B. Je défigurerois ce sermon par mon récit; ce sont cent beautés qui échappent : il faudroit être le prédicateur même pour vous dire [1]....

A. Mais encore? son dessein, ses preuves, sa morale, les principales vérités qui ont fait le corps de son discours? Ne vous reste-t-il rien dans l'esprit? est-ce que vous n'étiez pas attentif?

B. Pardonnez-moi, jamais je ne l'ai été davantage.

C. Quoi donc, vous voulez vous faire prier?

B. Non, mais c'est que ce sont des pensées si délicates, et qui dépendent tellement du tour et de la finesse de l'expression, qu'après avoir charmé dans le moment, elles ne se retrouvent pas aisément dans la suite; quand même vous les retrouveriez, dites-les dans d'autres termes, ce n'est plus la même chose, elles perdent leur grace et leur force.

A. Ce sont donc, Monsieur, des beautés bien fragiles : en les voulant toucher on les fait disparoître; j'aimerois bien mieux un discours qui eût plus de corps et moins d'esprit [2]; il feroit une forte impression, on retiendroit

---

1. C'est à peu près ce que Phèdre répond d'abord à Socrate, dans Platon, ch. I : Πῶς λέγεις, ὦ βέλτιστε Σώκρατες; οἴει με, ἃ Λυσίας ἐν πολλῷ χρόνῳ κατὰ σχολὴν συνέθηκε, δεινότατος ὢν τῶν νῦν γράφειν, ταῦτα ἰδιώτην ὄντα ἀπομνημονεύσειν ἀξίως ἐκείνου; πολλοῦ γε δέω.

2. *Plus de corps et moins d'esprit* fait une antithèse, ou plutôt une pointe, d'un goût assez équivoque. Dans le sens particulier qu'il a ici, le mot *esprit* ne peut être opposé au mot *corps.*

mieux les choses. Pourquoi parle-t-on, que pour persuader [1], pour instruire, et pour faire en sorte que l'auditeur retienne?

C. Vous voilà, Monsieur, engagé à parler.

B. Hé bien, disons donc ce que j'ai retenu. Voici le
le texte : *Cinerem tanquam panem manducabam*, « je
mangeois la cendre comme mon pain. » Peut-on trouver un texte plus ingénieux pour le jour des Cendres?
Il a montré que, selon ce passage, la cendre doit être
aujourd'hui la nourriture de nos ames; puis il a en-
châssé dans son avant-propos, le plus agréablement
du monde, l'histoire d'Artemise sur les cendres de son
époux [2]; sa chûte [3] à son *Ave Maria* a été pleine d'art;
sa division étoit heureuse : vous en jugerez. Cette
cendre, dit-il, quoiqu'elle soit un signe de pénitence,
est un principe de félicité ; quoiqu'elle semble nous
humilier, elle est une source de gloire ; quoiqu'elle représente la mort, elle est un remède qui donne l'im-
mortalité. Il a repris cette division en plusieurs manières, et chaque fois il donnoit un nouveau lustre à
ses antithèses; le reste du discours n'étoit ni moins
poli, ni moins brillant; la diction étoit pure, les pensées nouvelles, les périodes nombreuses ; chacune
finissoit par quelque trait surprenant. Il nous a fait des

1. C'est ainsi qu'on lit dans l'édition de 1718 ; mais l'*errata* y donne la
correction, *sinon pour persuader*, qui depuis a été généralement adop-
tée. On n'en doit pas moins conserver l'autre forme, quoique vieillie,
parce qu'elle est certainement de la main de Fénelon.

2. « Artemisia luctu atque desiderio mariti flagrans uxor ossa cineremque
ejus mixta odoribus contusaque in faciem pulveris aquæ indidit ebibitque. »
AULU-GELLE, l. X, c. XVIII. Comparez Valère-Maxime, l. IV, c. VI, 1.

3. Ce mot désigne ordinairement la fin d'une période oratoire, ce que
les Latins appellent *clausula*. Mais ici il faut entendre un certain trait
final, un mot ingénieux et à effet, une *pointe* enfin, comme celle qui termine le sonnet. La Bruyère dit : « Depuis trente années on prête l'oreille
aux rhéteurs, aux déclamateurs, aux énumérateurs ; on court ceux qui
peignent en grand ou en miniature. Il n'y a pas longtemps qu'ils avoient
des chûtes ou des transitions ingénieuses, quelquefois même si vives et
si aiguës qu'elles pouvoient passer pour épigrammes ; ils les ont adoucies,
je l'avoue, et ce ne sont plus que des madrigaux. » (*De la Chaire*, n. V,
dans l'édit. de M. Walckenaer.)

peintures morales où chacun se trouvoit; il a fait une anatomie [1] des passions du cœur humain, qui égale les Maximes de M. de la Rochefoucauld [2]. Enfin, selon moi, c'étoit un ouvrage achevé. Mais vous, Monsieur, qu'en pensez-vous?

A. Je crains de vous parler sur ce sermon, et de vous ôter l'estime que vous en avez. On doit respecter la parole de Dieu, profiter de toutes les vérités qu'un prédicateur a expliquées, et éviter l'esprit de critique, de peur d'affoiblir l'autorité du ministère.

B. Non, Monsieur, ne craignez rien : ce n'est point par curiosité que je vous questionne; j'ai besoin d'avoir là-dessus de bonnes idées, je veux m'instruire solidement, non seulement pour mes besoins, mais encore pour ceux d'autrui, car ma profession m'engage à prêcher [3]; parlez-moi donc sans réserve, et ne craignez ni de me contredire, ni de me scandaliser.

A. Vous le voulez, il faut vous obéir. Sur votre rapport même, je conclus que c'étoit un méchant sermon [4].

1. On dirait plus simplement *analyse;* mais *B* est trop charmé du bel esprit pour ne pas employer lui-même des expressions recherchées. Celle-ci d'ailleurs n'était pas rare à cette époque; Mascaron, dans l'Oraison funèbre de Henriette d'Angleterre, avait osé dire, en parlant du cœur de la princesse : « Qui me donneroit des mains assez délicates et des yeux assez perçants, pour en faire l'*anatomie?...* Esprit-Saint, doigt sacré de Dieu, c'est à vous de faire une *dissection* si délicate! » Mme de Sévigné, vantant les écrivains moralistes de Port-Royal : « Jamais, dit-elle, le cœur humain n'a été mieux *anatomisé* que par ces messieurs-là. » (Lettre du 19 août 1671.) Fénelon lui-même, dans la *Lettre à l'Académie,* p. 99, dit de l'historien Polybe : « Il développe chaque événement dans sa cause : c'est une *anatomie* exacte. » — L'anatomie était alors une science presque nouvelle, et fort à la mode, même chez les femmes, comme on le voit dans la Satire X de Boileau. Bossuet lui-même l'apprit, pour l'éducation du Dauphin.

2. Le livre des *Maximes,* ce *portrait du cœur de l'homme,* comme il est appelé dans la préface de la première édition, avait paru en 1665.

3. Cela est dit à propos pour donner plus d'intérêt au personnage et à toute la suite de l'entretien : on voit dès lors que l'auteur a eu principalement pour objet l'éloquence religieuse, et que ses leçons s'adressent surtout aux jeunes gens qui se destinent à la chaire.

4. *A* fait d'abord difficulté de dire son avis, comme Alceste, dans le *Misanthrope,* pour le sonnet, et il le dit à la fin avec la même sincérité *B* demeure fort surpris; ce n'est pas là l'idée qu'il pensait avoir donnée de ce merveilleux sermon. Toute cette *exposition* est traitée avec beaucoup d'esprit et d'agrément.

B. Comment cela?

A. Vous l'allez voir. Un sermon où les applications de l'Écriture sont fausses, où une histoire profane est rapportée d'une manière froide et puérile, où l'on voit régner partout une vaine affectation de bel esprit, est-il bon?

B. Non, sans doute : mais le sermon que je vous rapporte ne me semble point de ce caractère.

A. Attendez, vous conviendrez de ce que je dis. Quand le prédicateur a choisi pour texte ces paroles : *Je mangeois la cendre comme mon pain,* devoit-il se contenter de trouver un rapport de mots entre ce texte et la cérémonie d'aujourd'hui? Ne devoit-il pas commencer par entendre le vrai sens de son texte **avant** que de l'appliquer au sujet?

B. Oui, sans doute.

A. Ne falloit-il donc pas reprendre les choses de plus haut, et tâcher d'entrer dans toute la suite du Psaume? N'étoit-il pas juste d'examiner si l'interprétation dont il s'agissoit étoit contraire au sens véritable, avant que de la donner au peuple comme la parole de Dieu?

B. Cela est vrai : mais en quoi peut-elle être contraire?

A. David, ou quel que soit l'auteur du Psaume 101 [1], parle de ses malheurs en cet endroit. Il dit que ses ennemis lui insultoient cruellement, le voyant dans la poussière, abattu à leurs pieds, réduit (c'est ici une expression poétique) à se nourrir d'un pain de cendres et d'une eau mêlée de larmes [2]. Quel rapport des plaintes de David renversé de son trône, et persécuté

1. « Horum quidem hymnorum quum plurimi laudentur auctores, ut suo loco memorabimus, tum illud certissimum, a sancto Davide potissimum esse conscriptos. » BOSSUET, *Dissert. de Psalmis,* c. I, n. 1; voy. *ibid.* VI, 30.

2. *Tota die exprobrabant mihi inimici mei : et qui laudabant me, adversum me jurabant.*

Quia cinerem tanquam panem manducabam, et potum meum cum fletu miscebam. v. 9 et 10.

par son fils Absalon, avec l'humiliation d'un chrétien qui met des cendres[1] sur le front pour penser à la mort, et pour se détacher des plaisirs du monde?

N'y avoit-il point d'autre texte à prendre dans l'Écriture? Jésus-Christ, les Apôtres, les Prophètes, n'ont-ils jamais parlé de la mort et de la cendre du tombeau, à laquelle Dieu réduit notre vanité? Les Écritures ne sont-elles pas pleines de mille figures touchantes sur cette vérité? Les paroles mêmes de la Genèse[2], si propres, si naturelles à cette cérémonie, et choisies par l'Église même, ne seront-elles donc pas dignes du choix d'un prédicateur? Appréhendera-t-il par une fausse délicatesse de redire souvent un texte que le Saint-Esprit et l'Église ont voulu répéter sans cesse tous les ans? Pourquoi donc laisser cet endroit et tant d'autres de l'Écriture qui conviennent, pour en chercher un qui ne convient pas? C'est un goût dépravé, une passion aveugle de dire quelque chose de nouveau.

B. Vous vous échauffez trop, Monsieur : il est vrai que ce texte n'est point conforme au sens littéral.

C[3]. Pour moi, je veux savoir si les choses sont vraies avant que de les trouver belles. Mais le reste?

A. Le reste du sermon est du même génie que le texte. Ne le voyez-vous pas, Monsieur? A quel propos faire l'agréable dans un sujet si effrayant[4], et amuser l'auditeur par le récit profane de la douleur d'Artemise, lorsqu'il faudroit tonner et ne donner que des images terribles de la mort?

---

1. On a suivi l'édition de 1718; celles de 1787 et de 1824 portent, *qui se met des cendres...*

2. *Quia pulvis es, et in pulverem reverteris.* GEN. III, 19.

3. Ce troisième personnage, qui montre partout un sens droit et un esprit judicieux, joue le rôle de conciliateur; souvent aussi ses observations provoquent d'utiles éclaircissements.

4. On lit dans quelques éditions : *A quel propos chercher des ornements si déplacés dans un sujet...* C'est une correction indiquée dans l'*errata* de l'édit. de 1718, reçue dans celle de 1787, et que l'éditeur de 1824 a eu raison de ne pas admettre. La familiarité de l'expression n'est ici qu'une grace de plus.

B. Je vous entends, vous n'aimez pas les traits d'esprit : mais, sans cet agrément, que deviendroit l'Éloquence? Voulez-vous réduire tous les prédicateurs à la simplicité des missionnaires? Il en faut pour le peuple : mais les honnêtes gens ont les oreilles plus délicates, et il est nécessaire de s'accommoder à leur goût [1].

A. Vous me menez ailleurs; je voulois achever de vous montrer combien ce sermon est mal conçu, il ne me restoit qu'à parler de la division : mais je crois que vous comprenez assez vous-même ce qui me l'a fait [2] désapprouver. C'est un homme qui donne trois points pour sujet de tout son discours; quand on divise, il faut diviser simplement, naturellement; il faut que ce soit une division qui se trouve toute faite dans le sujet même; une division qui éclaircisse, qui range les matières, qui se retienne aisément, et qui aide à retenir tout le reste; enfin une division qui fasse voir la grandeur du sujet et de ses parties [3]. Tout au contraire, vous voyez ici un homme qui entreprend d'abord de vous éblouir, qui vous débite trois épigrammes, ou trois énigmes, qui les tourne et retourne

1. « Semper oratorum eloquentiæ moderatrix fuit auditorum prudentia », dit Cicéron (*Orator*, c. VIII); mais ces oreilles délicates voulaient alors trop de raffinement, et par là le ton et le style des *Précieuses* s'introduisaient dans l'Éloquence. — Les *honnêtes gens* sont ici opposés au *peuple* d'après un sens très-commun alors de cette expression. Un *honnête homme, les honnêtes gens,* se disait en général de toutes les personnes ayant de l'instruction ou de bonnes manières, et d'une condition un peu relevée. C'est ce que les Grecs appelaient οἱ καλοὶ κἀγαθοί, les Latins, *ingenui homines,* et ce que, chez nous, on désigne encore par *la bonne compagnie, les gens comme il faut.* Cette façon de parler, d'abord empreinte d'affectation et de purisme, avait fini par passer dans l'usage général; c'est ainsi que Molière dit, dans la *Critique de l'Ecole des Femmes,* sc. VII: « C'est une étrange entreprise que celle de faire rire les *honnêtes gens* »; et Bossuet, dans l'avant-propos de l'*Histoire universelle :* « Il seroit honteux, je ne dis pas à un prince, mais en général à tout *honnête homme,* d'ignorer le genre humain. » Voyez encore p. 47, 90, etc., et *Lettre à l'Académie,* p. 111.

2. Dans l'édit. de 1824, *me la fait désapprouver.*

3. Fénelon dans le IIe Dialogue a traité plus à fond de la *division.* Ici, comme plus haut (p. 3), il n'a voulu que montrer en passant le ridicule de ces divisions factices, alors très à la mode, et qui roulaient bien moins sur des pensées que sur des mots, ou sur des antithèses et des pointes.

avec subtilité : vous croyez voir des tours de passe-passe. Est-ce là un air sérieux et grave, à vous faire espérer [1] quelque chose d'utile et d'important? Mais revenons à ce que vous disiez; vous demandez si je veux donc bannir l'Éloquence de la chaire?

B. Oui, il me semble que vous allez là.

A. Ha! voyons, qu'est-ce que l'Éloquence?

B. C'est l'art de bien parler.

A. Cet art n'a-t-il point d'autre but que celui de bien parler? Les hommes en parlant n'ont-ils point quelque dessein? Parle-t-on pour parler?

B. Non, on parle pour plaire et pour persuader.

A. Distinguons, s'il vous plaît, Monsieur, soigneusement ces deux choses ; on parle pour persuader, cela est constant; on parle aussi pour plaire, cela n'arrive que trop souvent; mais quand on tâche de plaire, on a un autre but plus éloigné, qui est néanmoins le principal. L'homme de bien ne cherche à plaire que pour inspirer la justice et les autres vertus en les rendant aimables; celui qui cherche son intérêt, sa réputation, sa fortune, ne songe à plaire que pour gagner l'inclination et l'estime des gens qui peuvent contenter son avarice ou son ambition; ainsi cela même se réduit encore à une manière [2] de persuasion que l'Orateur cherche; il veut plaire pour flatter, et il flatte pour persuader ce qui convient à son intérêt.

B. Enfin vous ne pouvez disconvenir que les hommes ne parlent souvent pour plaire. Les orateurs païens ont eu ce but ; il est aisé de voir dans les discours de Cicéron qu'il travailloit pour sa réputation : qui ne croira la même chose d'Isocrate et de Démosthène?

Tous les anciens panégyristes songeoient moins à

---

1. Dans les éditions, *propre à vous faire…* Le mot *propre* a été ajouté sans nécessité dans l'*errata* de l'édit. de 1718.

2. *Manière* pour *sorte, espèce,* italianisme qui ne s'est pas maintenu dans notre langue. Voy. p. 15 et 52. On trouve de même dans Molière, *une manière d'esprit,* et dans Vauvenargues, *une manière de génie,* etc.

faire admirer leurs héros qu'à se faire admirer eux-
mêmes; ils ne cherchoient la gloire d'un prince qu'à
cause de celle qui leur en devoit revenir à eux-mêmes
pour l'avoir bien loué. De tout temps cette ambition a
semblé permise chez les Grecs et chez les Romains :
par cette émulation, l'Éloquence se perfectionnoit, les
esprits s'élevoient à de hautes pensées et à de grands
sentiments; par là on voyoit fleurir les anciennes républiques : le spectacle que donnoit l'Éloquence, et le
pouvoir qu'elle avoit sur les peuples, la rendit admirable, et a poli merveilleusement les esprits[1] : je ne
vois pas pourquoi on blâmeroit cette émulation, même
dans des orateurs chrétiens, pourvu qu'il ne parût dans
leurs discours aucune affectation indécente, et qu'ils
n'affoiblîssent en rien la morale évangélique. Il ne faut
point blâmer une chose qui anime les jeunes gens, et
qui forme les grands prédicateurs.

A. Voilà bien des choses, Monsieur, que vous met-
tez ensemble; démêlons-les, s'il vous plaît, et voyons
avec ordre ce qu'il en faut conclure. Surtout évitons
l'esprit de dispute, examinons cette matière paisible-
ment, en gens qui ne craignent que l'erreur, et mettons
tout l'honneur à nous dédire dès que nous apercevrons
que nous nous serons trompés.

B. Je suis dans cette disposition, ou du moins je
crois y être, et vous me ferez plaisir de m'avertir si
vous voyez que je m'écarte de cette règle.

A. Ne parlons point d'abord des prédicateurs, ils
viendront en leur temps; commençons par les orateurs
profanes, dont vous avez cité[2] ici l'exemple. Vous avez
mis Démosthène avec Isocrate[3] : en cela vous avez fait

---

1. Régulièrement il faudrait, *la rendirent... et ont poli,* et la plupart
des éditeurs ont fait la correction ; mais c'est là une négligence très-ordi-
naire à Fénelon et à plusieurs de nos grands écrivains; on en voit plus loin
d'autres exemples, p. 30, 61, etc.

2. Le mot *cité* n'est pas dans l'édit. de 1718 ; il a été ajouté à l'*errata.*

3. Ce passage célèbre sur Isocrate et Démosthène peut ne paraître pas

tort au premier ; le second est un froid orateur qui n'a songé qu'à polir ses pensées et qu'à donner de l'harmonie à ses paroles ; il n'a eu qu'une idée basse de l'Éloquence , et il l'a presque toute mise dans l'arrangement des mots[1] ; un homme qui a employé, selon les uns, dix ans , et selon les autres , quinze, à ajuster les périodes de son *Panégyrique,* qui est un discours sur les besoins de la Grèce , étoit d'un secours[2] bien foible et bien lent pour la République contre les entreprises du roi de Perse. Démosthène parloit bien autrement con-

tout-à-fait à sa place, ni suffisamment préparé ; du moins les termes dont *B* s'est servi en rapprochant comme par hasard les noms des deux auteurs, ne motivent point ce parallèle passionné. L'éloge de Démosthène est un morceau brillant ; mais il ne fallait pas l'amener par cette satire d'Isocrate, très-injuste en plusieurs points. Devait-on même les comparer ? « On ne peut, dit avec raison un critique, juger par les mêmes principes du mérite de Démosthène et d'Isocrate, parce qu'il n'y a entre ces deux orateurs aucune ressemblance, ni dans le caractère, ni dans l'esprit, ni dans le genre d'éloquence où ils se sont exercés. » Ils n'ont rien de commun en effet que le titre de ῥήτωρ, qui se donnait aux orateurs et aux rhéteurs également. L'un est un avocat éminent, un orateur d'opposition, un homme d'Etat, accoutumé à parler devant une foule d'auditeurs, et à entraîner de grandes assemblées ; l'autre est un maître d'éloquence accompli, mais qui ne s'est fait entendre que dans son école, et n'a jamais paru en public : écrivain disert et plein d'art, qui n'a songé qu'à plaire à un auditoire choisi, ou à charmer des lecteurs. V. Cicéron, *Brutus,* c. VIII ; *de Orat.* l. II, c. XXII ; *Orator,* c. XI-XIII ; Quintilien, *Inst. Or.* II, VIII, 11 ; IX, III, 74 ; X, I, 79.

1. Sans doute Isocrate a poussé trop loin la recherche de l'harmonie et le soin du rhythme oratoire ; mais ce défaut paraît surtout dans ses premiers ouvrages, et les anciens ont remarqué que ceux de sa vieillesse sont d'une forme plus sévère. Lui-même au commencement de son *Panathénaïque,* discours qu'il composa à l'âge de 94 ans, avoue qu'il sacrifiait trop autrefois au goût d'une élocution apprêtée et des phrases à effet.

2. La phrase se lit ainsi dans l'édition de 1718 : *un homme qui... sur les besoins de la Grèce : c'étoit un secours,* etc. La correction a été faite dans l'*errata.* Peut-être eût-il mieux valu ne rien corriger, ou écrire simplement : *un homme qui..., étoit un secours...,* comme Boileau a dit, dans l'Epître VI,

Contre eux la vérité m'est un foible secours.

Le fonds de ce passage est pris d'une phrase de Quintilien (X, IV, 4) : «Temporis quoque esse debet modus ; nam quod... Panegyricum Isocratis, qui parcissime, decem annis dicunt elaboratum, ad oratorem nihil pertinet : cujus nullum erit, si tam tardum fuerit, auxilium. » Quant au fait même, il semble n'avoir d'autre fondement qu'un mot de l'historien Timée, rapporté par Longin (sect. IV). On regrette de voir Fénelon faire un argument contre Isocrate d'une anecdote que les anciens et les modernes ont répétée à satiété, sans considérer que le fait est matériellement faux, comme la critique l'a prouvé à l'aide du discours même d'Isocrate ; ou que, si l'on veut parler du soin et de la constance qu'il mit à perfectionner avec le temps un ouvrage qui est son chef-d'œuvre, il n'y a rien là que de très-habituel à tous les écrivains d'un goût délicat.

tre Philippe. Vous pouvez voir la comparaison que Denys d'Halicarnasse fait de ces deux orateurs, et les défauts essentiels qu'il remarque dans Isocrate [1]. On ne voit dans celui-ci que des discours fleuris et efféminés, que des périodes faites avec un travail infini pour amuser l'oreille, pendant que Démosthène émeut, échauffe et entraîne les cœurs; il est trop vivement touché des intérêts de sa patrie pour s'amuser à tous les jeux d'esprit d'Isocrate; c'est un raisonnement serré et pressant, ce sont des sentiments généreux d'une ame qui ne conçoit rien que de grand, c'est un discours qui croît et qui se fortifie à chaque parole par des raisons nouvelles, c'est un enchaînement de figures hardies et touchantes: vous ne sauriez le lire sans voir qu'il porte la République dans le fond de son cœur; c'est la nature qui parle elle-même dans ses transports [2]; l'art y est si achevé, qu'il n'y paroît point: rien n'égala jamais sa rapidité et sa véhémence [3]. N'avez-vous pas vu ce qu'en dit Longin dans son Traité du Sublime?

B. Non; n'est-ce pas ce traité que M. B. [4] a traduit? est-il beau?

A. Je ne crains pas de dire qu'il surpasse à mon gré la Rhétorique d'Aristote [5]. Cette Rhétorique, quoique

---

1. Denys d'Halicarnasse n'a guère comparé ces deux orateurs que par rapport à l'élocution; voyez son *Jugement sur Démosthène*, ch. IV et XVII-XXII. Ces défauts essentiels qu'il remarque dans le style d'Isocrate sont, l'abus des cadences symétriques et affectées et des tours périodiques, la surabondance de mots et d'ornements, la longueur des phrases, la monotonie des tournures, le manque de force et de chaleur; mais il lui reconnaît en même temps de la grace et de la douceur, avec de l'éclat et de la magnificence. Voir aussi le *Jugement sur Isocrate*, ch. II-IV, XI et suiv.

2. L'édition de 1718 porte, *les transports*, faute d'impression corrigée dans l'*errata*. A la vérité le pronom *ses* fait quelque équivoque, mais c'est une négligence qui se trouve souvent dans Fénelon; voyez le *Télémaque* de l'édition de M. Lefèvre (1824), t. I, p. 45, note 1.

3. Comparez avec cet éloge de Démosthène celui qui est dans la *Lettre à l'Académie*, sect. IV, p. 49-50.

4. Boileau. La traduction du *Traité du Sublime* (Περὶ ὕψους), parut en 1674, en même temps que l'*Art Poétique*.

5. Fénelon montre partout une grande admiration pour Longin. La traduction intéressante que Boileau venait de donner de cet auteur l'avait mis à la mode, et en avait fait un livre tout nouveau; il n'est pas très-

très-belle, a beaucoup de préceptes secs et plus curieux qu'utiles dans la pratique ; ainsi elle sert bien plus à faire remarquer les règles de l'art à ceux qui sont déjà éloquents, qu'à inspirer l'éloquence et à former de vrais orateurs : mais le Sublime de Longin joint aux préceptes beaucoup d'exemples qui les rendent sensibles. Cet auteur traite le Sublime d'une manière sublime, comme le Traducteur l'a remarqué [1] ; il échauffe l'imagination, il élève l'esprit du lecteur, il lui forme le goût, et lui apprend à distinguer judicieusement le bien et le mal dans les orateurs célèbres de l'antiquité.

B. Quoi, Longin [2] si admirable ! Hé ! ne vivoit-il pas du temps de l'empereur Aurélien et de Zénobie ?

A. Oui : vous savez leur histoire [3].

B. Ce siècle n'étoit-il pas bien éloigné de la politesse des précédents ? Quoi, vous voudriez qu'un auteur de ce temps-là eût le goût meilleur qu'Isocrate ? En vérité, je ne puis le croire.

A. J'en ai été surpris moi-même : mais vous n'avez qu'à le lire [4] ; quoiqu'il fût d'un siècle fort gâté, il s'étoit formé sur les anciens, et il ne tient presque rien des

étonnant que dans ce premier charme de la nouveauté quelques esprits aient imaginé de placer le Traité du Sublime même au-dessus de la Rhétorique d'Aristote. Mais, de bonne foi, peut-on seulement mettre en parallèle la méthode d'éloquence la plus complète, la plus savante et la plus pratique en même temps qui jamais ait été écrite, et un petit traité sur un seul genre, ouvrage agréable et spirituel, mais d'une doctrine assez légère, et d'un ton quelquefois déclamatoire ? — Voyez l'*Etude sur la Rhétorique d'Aristote*, par M. Havet (1846, in-8.), p. 19-20.

1. Dans sa Préface, p. 1 : « Longin ne s'est pas contenté, comme Aristote et Hermogène, de nous donner des préceptes tout secs et dépouillés d'ornements. Il n'a pas voulu tomber dans le défaut qu'il reproche à Cécilius, qui avoit, dit-il, écrit du sublime en style bas. En traitant des beautés de l'élocution, il a employé toutes les finesses de l'élocution. Souvent il fait la figure qu'il enseigne ; et, en parlant du sublime, il est lui-même très-sublime ; etc. »

2. Dans la plupart des éditions : *Longin est si admirable*, d'après l'*errata* de l'édition de 1718.

3. Voir la Préface de la traduction de Boileau, la dissertation de Ruhnken, *De vita et scriptis Longini*, et les notices sur Longin (par M. Boissonade) et sur Zénobie (par M. Michelet), dans la *Biographie universelle*.

4. Ne semble-t-il pas que Fénelon veuille maintenant sacrifier Isocrate à Longin pour le goût ? Cette nouvelle comparaison est encore plus forcée.

défauts de son temps; je dis presque rien, car il faut avouer qu'il s'applique plus à l'admirable qu'à l'utile, et qu'il ne rapporte guère l'Éloquence à la morale; en cela il paroît n'avoir pas les vues solides qu'avoient les anciens Grecs, surtout les philosophes : encore même faut-il lui pardonner un défaut dans lequel Isocrate, qui est d'un meilleur siècle, lui est beaucoup inférieur[1]; surtout ce défaut est excusable dans un traité particulier, où il parle, non de ce qui instruit les hommes, mais de ce qui les frappe et qui les saisit. Je vous parle de cet auteur, parce qu'il vous servira beaucoup à comprendre ce que je veux dire; vous y verrez le portrait admirable qu'il fait de Démosthène[2], dont il rapporte des endroits très-sublimes[3]; et vous y trouverez aussi ce que je vous ai dit des défauts d'Isocrate[4]. Vous ne sauriez mieux faire pour connoître ces deux auteurs, si vous ne voulez pas prendre la peine de les connoître par eux-mêmes en lisant leurs ouvrages[5]; laissons donc Isocrate, et revenons à Démosthène et à Cicéron.

B. Vous laissez Isocrate, parce qu'il ne vous convient pas.

1. Expression négligée et confuse. Ajoutons qu'on ne peut sans injustice reprocher à Isocrate de ne point rapporter l'éloquence à la morale; rien n'est plus contraire à la vérité, et à l'opinion que les anciens eux-mêmes ont eue de cet orateur. On sait qu'il avait été disciple zélé de Socrate; et Platon, à la fin du *Phèdre*, dans un passage remarquable que Cicéron a reproduit au ch. XIII de l'*Orator*, l'opposant à Lysias, lui reconnaît un caractère plus élevé, et un véritable esprit philosophique. Denys d'Halicarnasse, dans son Jugement sur Isocrate, ch. IV, dit que ses discours contiennent les plus belles leçons de vertu, et il analyse successivement plusieurs des principaux pour en faire voir l'utilité morale (ch. V-X). Enfin Quintilien le qualifie *honesti studiosus* (X, 1, 79). Sans doute ces témoignages suffisent pour justifier Isocrate contre les reproches de Fénelon.

2. Voy. sect. XII et XXXIV; ch. X et XXVIII de la trad. de Boileau.

3. Sect. XVI, XVIII, XX, XXVII, XXXII, XXXIX; ch. XIV, XVI, XVII, XXIII, XXVI, XXXII de la traduction.

4. Sect. XXXVIII; ch. XXXI de la trad. — Comparez *Lettre à l'Académie*, sect. IV, p. 50-51.

5. Il serait bien malaisé de prendre la moindre idée d'Isocrate avec le peu que Longin en a dit : l'examen critique qu'en a fait Denys d'Halicarnasse est bien plus utile; mais en général une lecture attentive de quelque ouvrage de l'auteur même en apprend plus sur son mérite que tous les jugements de ces rhéteurs.

A. Parlons donc encore d'Isocrate, puisque vous n'êtes pas persuadé ; jugeons de son éloquence par les règles de l'Éloquence même, et par le sentiment du plus éloquent écrivain de l'antiquité, c'est Platon[1] : l'en croirez-vous, Monsieur ?

B. Je le croirai s'il a raison, je ne jure sur la parole d'aucun maître[2].

A. Souvenez-vous de cette règle, c'est ce que je demande : pourvu que vous ne vous laissiez point dominer par certains préjugés de notre temps, la raison vous persuadera bientôt ; n'en croyez donc ni Isocrate ni Platon, mais jugez de l'un et de l'autre par des principes clairs. Vous ne sauriez disconvenir que le but de l'Éloquence ne soit de persuader la vérité et la vertu.

B. Je n'en conviens pas ; c'est ce que je vous ai déjà nié.

A. C'est donc ce que je vais vous prouver. L'Éloquence, si je ne me trompe, peut être prise en trois manières : 1°, comme l'art de persuader la vérité, et de rendre les hommes meilleurs ; 2°, comme un art indifférent dont les méchants se peuvent servir aussi bien que les bons, et qui peut persuader l'erreur, l'injustice, autant que la justice et la vérité ; 3° enfin, comme un art qui peut servir aux hommes intéressés[3], à plaire, à s'acquérir de la réputation et à faire fortune. Admettez une de ces trois manières.

B. Je les admets toutes, qu'en conclurez-vous ?

A. Attendez, la suite vous le montrera ; contentez-

---

1. « Ille non intelligendi solum, sed etiam dicendi gravissimus auctor et magister, Plato. » CICÉRON, *Orator*, c. III. Compar. *de Orat.* I, XI.

2. C'est le vers d'Horace,

> Nullius addictus jurare in verba magistri.
> (*Ep.* 1, I, v. 14.)

3. C'est-à-dire, tout occupés de leur intérêt ; comme plus loin, p. 32 : « Il est *intéressé*, ambitieux, etc. », et dans l'*Art Poétique* de Boileau, ch. III :

> Qu'Agamemnon soit fier, superbe, *intéressé*.

On a suivi ici la ponctuation de l'édit. de 1718 ; les autres ne mettent point de virgule après *intéressés*, ce qui rend la phrase équivoque.

vous pourvu que [1] je ne vous dise rien que de clair, et que je vous mène à mon but. De ces trois manières d'éloquence, vous approuverez sans doute la première.

B. Oui, c'est la meilleure.

A. Et la seconde, qu'en pensez-vous?

B. Je vous vois venir, vous voulez faire un sophisme. La seconde est blâmable par le mauvais usage que l'Orateur y fait de l'Éloquence, pour persuader l'injustice et l'erreur; l'éloquence d'un méchant homme est bonne en elle-même; mais la fin à laquelle il la rapporte est pernicieuse. Or nous devons parler des règles de l'Éloquence, et non de l'usage qu'il en faut faire; ne quittons point, s'il vous plaît, ce qui fait notre véritable question [2].

A. Vous verrez que je ne m'en écarte pas, si vous voulez bien me continuer la grace de m'écouter. Vous blâmez donc la seconde manière, et pour ôter toute équivoque, vous blâmez ce second usage de l'Éloquence.

B. Bon, vous parlez juste; nous voilà pleinement d'accord.

A. Et le troisième usage de l'Éloquence, qui est de chercher à plaire par des paroles, pour se faire par là une réputation et une fortune, qu'en dites-vous?

B. Vous savez déjà mon sentiment, je n'en ai point changé; cet usage de l'Éloquence me paroît honnête, il excite l'émulation et perfectionne les esprits [3].

---

1. Latinisme; *contentus esto dum*. De même plus bas, à la page 102.

2. Fénelon entre ici dans la théorie philosophique de l'Éloquence. Sa discussion cherche à reproduire les formes de l'argumentation socratique, et dans ce qui suit il emprunte beaucoup à la *République* et aux *Lois* de Platon, comme il a fait également dans les livres X et XI du *Télémaque*. Mais en général il effleure plus qu'il n'approfondit; ses propositions sont plutôt énoncées que démontrées, et il mêle beaucoup de choses en peu d'espace.

3. A voir la manière ouverte et déclarée dont *B* professe ces principes, ici comme plus haut (p. 8), et ailleurs encore (p. 31), il est clair que Fénelon a voulu attaquer tous ces prédicateurs sans vocation vraie, pour qui le ministère de la parole évangélique n'était alors qu'un moyen de parvenir. Voyez aussi p. 111, et dans la *Lettre à l'Académie*, sect. IV, p. 35 et 51.

A. En quel genre doit-on tâcher de perfectionner les esprits? Si vous aviez à former un État ou une République, en quoi voudriez-vous y perfectionner les esprits?

B. En tout ce qui pourroit les rendre meilleurs. Je voudrois faire de bons citoyens, pleins de zèle pour le bien public : je voudrois qu'ils sussent en guerre défendre la patrie, en paix faire observer les lois, gouverner leurs maisons, cultiver ou faire cultiver leurs terres, élever leurs enfants à la vertu, leur inspirer la religion, s'occuper au commerce selon les besoins du pays, et s'appliquer aux sciences utiles à la vie. Voilà, ce me semble, le but d'un Législateur.

A. Vos vues sont très-justes et très-solides ; vous voudriez donc des citoyens ennemis de l'oisiveté, occupés à des choses très-sérieuses, et qui tendissent toujours au bien public?

B. Oui, sans doute.

A. Et vous retrancheriez tout le reste?

B. Je le retrancherois.

A. Vous n'admettriez les exercices du corps que pour la santé et la force? Je ne parle point de la beauté du corps, parce qu'elle est une suite naturelle de la santé et de la force, pour les corps qui sont bien formés.

B. Je n'admettrois que ces exercices-là.

A. Vous retrancheriez donc tous ceux qui ne serviroient qu'à amuser, et qui ne mettroient point l'homme en état de mieux supporter les travaux réglés de la paix et les fatigues de la guerre?

B. Oui : je suivrois cette règle.

A. C'est sans doute par le même principe que vous retrancheriez aussi (car vous me l'avez dit) tous les exercices de l'esprit qui ne serviroient point à rendre l'ame saine, forte, belle, en la rendant vertueuse?

B. J'en conviens : que s'ensuit-il de là? Je ne vois pas

encore où vous voulez aller, vos détours sont bien longs.

A. C'est que je veux chercher les premiers principes, et ne laisser derrière moi rien de douteux. Répondez, s'il vous plaît.

B. J'avoue qu'on doit, à plus forte raison, suivre cette règle pour l'ame, l'ayant établie pour le corps.

A. Toutes les sciences et tous les arts qui ne vont qu'au plaisir, à l'amusement et à la curiosité, les souffririez-vous? Ceux qui n'appartiendroient ni aux devoirs de la vie domestique, ni aux devoirs de la vie civile, que deviendroient-ils?

B. Je les bannirois de ma République.

A. Si donc vous souffriez les mathématiciens, ce seroit à cause des mécaniques, de la navigation, de l'arpentage des terres, des supputations qu'il faut faire, des fortifications des places, etc.[1] Voilà leur usage, qui les autoriseroit. Si vous admettiez les médecins, les jurisconsultes, ce seroit pour la conservation de la santé et de la justice. Il en seroit de même des autres professions dont nous sentons le besoin. Mais pour les musiciens, que feriez-vous? Ne seriez-vous pas de l'avis de ces anciens Grecs qui ne séparoient jamais l'utile de l'agréable? Eux qui avoient poussé la Musique et la Poésie jointes ensemble à une si haute perfection, ils vouloient qu'elles servissent à élever les courages, à inspirer de grands sentiments[2]. C'étoit par la Musique et par la Poésie qu'ils se préparoient aux combats; ils alloient à la guerre avec des musiciens et des instru-

---

1. « In summo apud Græcos honore geometria fuit : itaque nihil mathematicis illustrius. At nos metiendi ratiocinandique utilitate hujus artis terminavimus modum. » CICÉRON, *I*re *Tusculane*, c. II. Les idées exposées ici sur les limites de l'étude et de la pratique des arts paraissent tirées aussi de Xénophon, *Mémoires sur Socrate*, l. IV, c. VII. Comparez le VIIIe livre de la *Politique* d'Aristote (l. V, dans la trad. de M. Barthélemy-St-Hilaire).

2. Voir le IIe et le VIIe livre des *Lois* de Platon, et aux livres X et XI du *Télémaque*, dans le tableau de la police de Salente, deux passages sur l'emploi de la musique, principalement dans l'éducation de la jeunesse.

ments. De là encore les trompettes et les tambours, qui les jetoient dans un enthousiasme et dans une espèce de fureur qu'ils appeloient divine. C'étoit par la Musique et par la cadence des vers qu'ils adoucissoient les peuples féroces. C'étoit par cette harmonie qu'ils faisoient entrer, avec le plaisir, la sagesse dans le fond des cœurs des enfants[1] : on leur faisoit chanter les vers d'Homère pour leur inspirer agréablement le mépris de la mort, des richesses, et des plaisirs qui amollissent l'ame ; l'amour de la gloire, de la liberté et de la patrie. Leurs danses mêmes avoient un but sérieux à leur mode, et il est certain qu'ils ne dansoient pas pour le seul plaisir[2]. Nous voyons par l'exemple de David[3], que les peuples orientaux regardoient la danse comme un art sérieux, semblable à la Musique et à la Poésie. Mille instructions étoient mêlées dans leurs fables et dans leurs poèmes ; ainsi la Philosophie la plus grave et la plus austère ne se montroit qu'avec un visage riant. Cela paroît encore par les danses mystérieuses des prêtres, que les païens avoient mêlées dans leurs cérémonies pour les fêtes des Dieux. Tous ces arts qui consistent ou dans les sons mélodieux, ou dans les mouvements du corps, ou dans

> Silvestres homines sacer interpresque Deorum
> Cædibus et victu fœdo deterruit Orpheus, etc.
>> (HOR, *A. P.* v. 391.)

> En mille écrits fameux la sagesse tracée
> Fut, à l'aide des vers, aux mortels annoncée,
> Et partout des esprits ses préceptes vainqueurs,
> Introduits par l'oreille, entrèrent dans les cœurs.
>> (BOILEAU, *Art Poét.* ch. IV.)

Compar. *Lettre à l'Académie*, sect. V, p. 55, et Montesquieu, *Esprit des Lois*, l. IV, ch. VIII.

2. Sur les diverses sortes de danses et sur leur utilité morale, voyez les *Lois* de Platon, l. VII, p. 814 (t. VIII, p. 65-69 de la trad. de M. Cousin). La danse était une partie de la gymnastique, et entrait même dans l'art militaire. V. Montesquieu, *Grand. et décad. des Romains*, ch. II ; *Esprit des Lois*, l. VIII, ch. II. On lit dans les lettres patentes du Roi pour l'établissement d'une Académie royale de Danse à Paris (mars 1661) : « Bien que l'art de la danse ait toujours été reconnu l'un des plus honnêtes et plus nécessaires à former le corps, et lui donner les premières et plus naturelles dispositions à toute sorte d'exercices, et entre autres à ceux des armes, et par conséquent l'un des plus avantageux et plus utiles à notre noblesse ; etc.»

3. Voyez le IIe livre des *Rois*, ch. VI, v. 14 et 16.

les paroles, en un mot, la Musique, la Danse, l'Éloquence, la Poésie, ne furent inventées que pour exprimer les passions, et pour les inspirer en les exprimant[1]. Par là on voulut imprimer de grands sentiments dans l'ame des hommes, et leur faire des peintures vives et touchantes de la beauté de la vertu et de la difformité du vice. Ainsi tous ces arts, sous l'apparence du plaisir, entroient dans les desseins les plus sérieux des anciens pour la morale et pour la religion. La chasse même étoit l'apprentissage pour la guerre[2]. Tous les plaisirs les plus touchants renfermoient quelque leçon de vertu. De cette source vinrent dans la Grèce tant de vertus héroïques, admirées de tous les siècles. Cette première instruction fut altérée, il est vrai, et elle avoit en elle-même d'extrêmes défauts. Son défaut essentiel étoit d'être fondée sur une religion fausse et pernicieuse : en cela les Grecs se trompoient, comme tous les sages du monde, plongés alors dans l'idolatrie ; mais s'ils se trompoient pour le fond de la religion et pour le choix des maximes, ils ne se trompoient pas pour la manière d'inspirer la religion et la vertu : tout y étoit sensible, agréable, propre à faire une vive impression.

C. Vous disiez tout à l'heure que cette première instruction fut altérée ; n'oubliez pas, s'il vous plaît, de nous l'expliquer.

A. Oui, elle fut altérée. La vertu donne la véritable politesse ; mais bientôt, si on n'y prend garde, la politesse amollit peu à peu. Les Grecs Asiatiques furent les

---

1. Par *inspirer des passions*, Fénelon entend ce que les Latins appellent *movere affectus*, exciter la sensibilité, ou, comme il dit lui-même, p. 47, *exciter des sentiments*. Cette manière de parler est vague et équivoque. Comparez p. 45 et 52, et dans la *Lettre à l'Académie*, p. 75, note 4.

2. Xénophon, *de la Chasse*, I, 18 : Ἐγὼ μὲν οὖν παραινῶ τοῖς νέοις μὴ καταφρονεῖν κυνηγεσίων μηδὲ τῆς ἄλλης παιδείας· ἐκ τούτων γὰρ γίγνονται τὰ εἰς τὸν πόλεμον ἀγαθοὶ, εἴς τε τὰ ἄλλα ἐξ ὧν ἀνάγκη καλῶς νοεῖν καὶ λέγειν καὶ πράττειν. Comparez Platon, fin du VIIe l. des *Lois*. Cicéron, *de Nat. Deor.* l. II, c. LXIV : « Ut exerceamur in venando ad similitudinem bellicæ disciplinæ. »

premiers à se corrompre. Les Ioniens devinrent efféminés ; toute cette côte d'Asie fut un théâtre de volupté [1]. La Crète, malgré les sages lois de Minos, se corrompit de même : vous savez les vers que cite saint Paul [2]. Corinthe fut fameuse par son luxe et par ses dissolutions. Les Romains, encore grossiers, commencèrent à trouver de quoi amollir leur vertu rustique. Athènes ne fut pas exempte de cette contagion : toute la Grèce en fut infectée. Le plaisir, qui ne devoit être que le moyen d'insinuer la sagesse, prit la place de la sagesse même. Les Philosophes réclamèrent. Socrate s'éleva, et montra à ses citoyens égarés que le plaisir, dans lequel ils s'arrêtoient, ne devoit être que le chemin de la vertu. Platon, son disciple, qui n'a pas eu honte [3] de composer ses écrits des discours de son maître, retranche de sa République tous les tons de la musique, tous les mouvements de la tragédie, tous les récits des poèmes, et les endroits d'Homère même, qui

---

1. *Doceri motus ionicos.* HOR. [*Od.* III, VI, v. 21.] — *Les Fables Milésiennes.* (Notes marginales de l'édit. de 1718, tirées sans doute du manuscrit de l'auteur.) — Fénelon paraît avoir songé à ce passage du traité *De l'origine des Romans,* par Huet : « Les Ioniens, peuple de l'Asie-Mineure, s'étant élevés à une grande puissance, et ayant acquis beaucoup de richesses, s'étoient plongés dans le luxe et dans les voluptés, compagnes inséparables de l'abondance. Cyrus les ayant subjugués par la prise de Crésus, et toute l'Asie-Mineure étant tombée avec eux sous la puissance des Perses, ils reçurent leurs mœurs avec leurs lois, et mêlant leurs débauches avec celles où leur inclination les avoit déjà portés, ils devinrent la plus voluptueuse nation du monde.... Ils furent auteurs d'une danse lascive, que l'on nomma Ionique ; et ils se signalèrent si bien par leur mollesse, qu'elle passa en proverbe. Mais entre eux les Milésiens l'emportèrent en la science des plaisirs, et en délicatesse ingénieuse. Ce furent eux qui les premiers apprirent des Perses l'art de faire des Romans, et y travaillèrent si heureusement, que les Fables Milésiennes, c'est-à dire leurs Romans, pleines d'histoires amoureuses et de récits dissolus, furent en réputation ; etc. »

2. Dans l'*Epître à Tite,* ch. I, v. 12. Il ne cite que ce vers,

Κρῆτες ἀεὶ ψεῦσται, κακὰ θηρία, γαστέρες ἀργαί,

qui est, dit-on, du Crétois Épiménide. On retrouve le premier hémistiche dans Callimaque, *Hymne à Jupiter,* v. 8, et Ovide y fait allusion, quand il dit (*Amor.* III, X, v. 19) :

Cretes erunt testes, nec fingunt omnia Cretes.

On disait en grec κρητίζειν pour ψεύδεσθαι, et proverbialement, πρὸς Κρῆτα κρητίζειν, *à trompeur trompeur et demi.*

3. En latin, *quem non puduit,* simplement pour, *qui non dubitavit.*

ne vont pas à inspirer l'amour des bonnes lois. Voilà le jugement que firent Socrate et Platon sur les poètes et sur les musiciens [1] : n'êtes-vous pas de leur avis ?

B. J'entre tout-à-fait dans leur sentiment ; il ne faut rien d'inutile. Puisqu'on peut mettre le plaisir dans les choses solides, il ne le faut point chercher ailleurs. Si quelque chose peut faciliter la vertu, c'est de la mettre d'accord avec le plaisir : au contraire, quand on les sépare, on tente violemment les hommes d'abandonner la vertu ; d'ailleurs tout ce qui plaît sans instruire, amuse et amollit. Hé bien ! ne trouvez-vous pas que je suis devenu philosophe [2] en vous écoutant ? Mais allons jusqu'au bout ; car nous ne sommes pas encore d'accord.

A. Nous le serons bientôt, Monsieur, puisque vous êtes si philosophe [3] ; permettez-moi de vous faire encore une question. Voilà les musiciens et les poètes assujettis à n'inspirer que la vertu ; voilà les citoyens de votre République exclus des spectacles où le plaisir seroit sans instruction : mais que ferez-vous des devins ?

B. Ce sont des imposteurs, il faut les chasser.

A. Mais ils ne font point de mal. Vous croyez bien qu'ils ne sont pas sorciers ; ainsi ce n'est pas l'art diabolique que vous craignez en eux.

B. Non, je n'ai garde de le craindre, car je n'ajoute aucune foi à tous leurs contes ; mais ils font un assez grand mal d'amuser le public. Je ne souffre point dans ma République des gens oisifs qui amusent les autres, et qui n'aient point d'autre métier que celui de parler.

---

1. Voir principalement les livres II et III de la *République.* Compar. Cicéron, *Tuscul.* II, XI; S. Augustin, *de Civit. Dei*, II, XIV, 1.

2. C'est aller adroitement au-devant de l'objection qu'on pourrait faire sur la facilité avec laquelle *B* entre dans les idées de son interlocuteur, et laisse passer sans résistance toute une doctrine si opposée à ses propres sentiments. Il paraît trop que l'auteur a hâte d'établir ces points préliminaires pour en faire le fondement de sa théorie.

3. La phrase est ainsi ponctuée dans la première édition; les autres la divisent de cette manière : *Nous le serons bientôt, Monsieur. Puisque vous êtes si philosophe, permettez-moi...*

A. Mais ils gagnent leur vie par là ; ils amassent de l'argent pour eux et pour leurs familles.

B. N'importe ; qu'ils prennent d'autres métiers pour vivre ; non seulement il faut gagner sa vie, mais il la faut gagner par des occupations utiles au public. Je dis la même chose de tous ces misérables qui amusent les passants par leurs discours et par leurs chansons : quand ils ne mentiroient jamais, quand ils ne diroient rien de déshonnête, il faudroit les chasser ; l'inutilité seule suffit pour les rendre coupables : la police devroit les assujettir à prendre quelque métier réglé [1].

A. Mais ceux qui représentent des tragédies, les souffririez-vous? Je suppose qu'il n'y ait ni amour profane, ni immodestie mêlée dans ces tragédies : de plus, je ne parle pas ici en chrétien ; répondez-moi seulement en législateur et en philosophe.

B. Si ces tragédies n'ont pas pour but d'instruire en donnant du plaisir, je les condamnerois.

A. Bon ; en cela vous êtes précisément de l'avis de Platon, qui veut qu'on ne laisse point introduire dans sa République des poëmes et des tragédies qui n'auront pas été examinés par les gardes des lois, afin que le peuple ne voie et n'entende jamais rien qui ne serve à autoriser les lois, et à inspirer la vertu [2]. En cela vous suivez l'esprit des auteurs anciens, qui vouloient que la tragédie roulât sur deux passions : savoir, la terreur que doivent donner les suites funestes du vice, et la compassion qu'inspire la vertu persécutée et patiente. C'est l'idée qu'Euripide et Sophocle ont exécutée.

B. Vous me faites souvenir que j'ai lu cette dernière règle dans l'Art Poétique de M. *** [3].

---

1. C'est-à-dire, régulier ; comme, p. 16, *les travaux réglés de la paix*, et dans le Disc. de réception à l'Académie, p. 4, *un génie réglé et correct*.

2. Voyez les *Lois*, l. VII, p. 817 ; t. VIII, p. 70-71 de la trad. **fr.**

3. Ce qui précède est en effet tiré du début du IIe chant de l'*Art Poétique*, mais d'une manière peu exacte. L'éloge que Fénelon fait de Boileau, en général, est juste autant que délicat ; mais il attribue à ses

A. Vous avez raison : c'est un homme qui connoît bien, non seulement le fond de la Poésie, mais encore le but solide auquel la Philosophie, supérieure à tous les arts, doit conduire le Poète.

B. Mais enfin, où me menez-vous donc ?

A. Je ne vous mène plus ; vous allez tout seul [1] : vous voilà arrivé heureusement au terme. Ne m'avez-vous pas dit que vous ne souffrez point dans votre République des gens oisifs, qui amusent les autres, et qui n'ont point d'autre métier que celui de parler ? N'est-ce pas sur ce principe que vous chassez tous ceux qui représentent des tragédies, si l'instruction n'est mêlée au plaisir ? Sera-t-il permis de faire en prose ce qui ne le sera pas en vers ? Après cette sévérité, comment pourriez-vous faire grace aux déclamateurs, qui ne parlent que pour montrer leur bel esprit ?

B. Mais les déclamateurs dont nous parlons ont deux desseins qui sont louables.

A. Expliquez-les.

B. Le premier est de travailler pour eux-mêmes ; par là ils se procurent des établissements honnêtes. L'éloquence produit la réputation, et la réputation attire la fortune dont ils ont besoin.

A. Vous avez déjà répondu vous-même à votre objection. Ne disiez-vous pas qu'il faut non seulement gagner sa vie, mais la gagner par des occupations utiles au public ? Celui qui représenteroit des tragédies sans y mêler l'instruction gagneroit sa vie ; cette rai-

préceptes sur la tragédie une portée morale qu'ils n'ont point, et il le suppose plus Platonicien qu'il n'a songé à l'être. — Ici, comme à la page 11, les éditeurs modernes ont mis le nom de Boileau en toutes lettres ; nous suivons l'édition de 1718.

1. *B* va tout seul, il est vrai, et si vite, qu'on est surpris qu'il ne paraisse pas voir encore les conséquences des principes qui ont été posés. Les raisons qu'il donne ensuite, pour justifier ceux qu'il appelle lui-même assez agréablement des *déclamateurs*, ne sont pas moins singulières. Il faut avouer que des personnages d'un caractère aussi peu soutenu manquent trop ou de réalité ou d'intérêt, et qu'on ne retrouve point tout-à-fait dans cette mise en scène l'art exquis de Platon et de Pascal.

son ne vous empêcheroit pourtant pas de le chasser de votre République. Prenez, lui diriez-vous, un métier solide et réglé; n'amusez pas les citoyens. Si vous voulez tirer d'eux un profit légitime, travaillez à quelque bien effectif, ou à les rendre vertueux. Pourquoi ne direz-vous pas la même chose de l'Orateur?

B. Nous voilà d'accord: la seconde raison que je voulois vous dire explique tout cela.

A. Comment? dites-nous-la donc, s'il vous plaît.

B. C'est que l'Orateur travaille même pour le public.

A. En quoi?

B. Il polit les esprits, il leur enseigne l'Éloquence.

A. Attendez. Si j'inventois un art chimérique, ou une langue imaginaire, dont on ne pût tirer aucun avantage, servirois-je le public en lui enseignant cet art ou cette langue?

B. Non, parce qu'on ne sert les autres qu'autant qu'on leur enseigne quelque chose d'utile.

A. Vous ne sauriez donc prouver solidement qu'un orateur sert le public en lui enseignant l'Éloquence, si vous n'aviez déjà prouvé que l'Éloquence sert elle-même à quelque chose. A quoi servent les beaux discours d'un homme, si ces discours, tout beaux qu'ils sont, ne font aucun bien au public? Les paroles, comme dit saint Augustin, sont faites pour les hommes, et non pas les hommes pour les paroles [1]. Les discours servent, je le sais bien, à celui qui les fait; car ils éblouissent les auditeurs, ils font beaucoup parler de celui qui les a faits; et on est d'assez mauvais goût pour le récompenser de ses paroles inutiles. Mais cette éloquence mercenaire et infructueuse au public doit-elle être soufferte dans l'État que vous policez? Un cordonnier au

---

[1]. « Quid prodest locutionis integritas, quam non sequitur intellectus audientis, quum loquendi omnino nulla sit causa, si quod loquimur non intelligunt propter quos ut intelligant loquimur? » *De Doctr. christ.* IV, x, 24. « Nec doctor verbis serviat, sed verba doctori. » *Ibid.* xxviii, 61.

moins fait des souliers, et ne nourrit sa famille que d'un argent gagné en servant le public pour de véritables besoins : ainsi, vous le voyez, les plus vils métiers ont une fin solide, et il n'y aura que l'art des orateurs qui n'aura pour but que d'amuser les hommes par des paroles. Tout aboutira donc, d'un côté, à satisfaire la curiosité et à entretenir l'oisiveté de l'auditeur ; de l'autre, à contenter la vanité et l'ambition de celui qui parle. Pour l'honneur de votre République, Monsieur, ne souffrez jamais cet abus.

B. Hé bien, je reconnois que l'Orateur doit avoir pour but d'instruire, et de rendre les hommes meilleurs.

A. Souvenez-vous bien de ce que vous m'accordez là ; vous en verrez les conséquences.

B. Mais cela n'empêche pas qu'un homme, s'appliquant à instruire les autres, ne puisse être bien aise en même temps d'acquérir de la réputation et du bien.

A. Nous ne parlons point encore ici comme chrétiens ; je n'ai besoin que de la philosophie seule contre vous. Les orateurs, je le répète, sont donc, selon vous, des gens qui doivent instruire les autres hommes, et les rendre meilleurs qu'ils ne sont. Voilà donc d'abord les déclamateurs chassés. Il ne faudra même souffrir les panégyristes qu'autant qu'ils proposeront des modèles dignes d'être imités, et qu'ils rendront la vertu aimable par leurs louanges [1].

B. Quoi, un panégyrique ne vaudra donc rien, s'il n'est plein de morale ?

A. Ne l'avez-vous pas conclu vous-même ? Il ne faut parler que pour instruire ; il ne faut louer un héros que

---

1. Les Panégyriques, les Éloges, les Oraisons funèbres, forment un genre d'éloquence très-important chez les anciens comme chez les modernes : Fénelon en a touché rapidement, mais d'une main sûre, les vrais principes et le caractère. Il y est revenu en quelques mots à la fin du IIIᵉ Dialogue, p. 135. Pour plus de détails sur cette branche de littérature, on peut voir l'*Essai sur les Eloges*, de Thomas ; l'*Essai sur l'Oraison funèbre*, par M. Villemain, et dans le *Tableau du* XVIIIᵉ *siècle* du même auteur, la XLIᵉ leçon (t. III, p. 243 et suiv. de l'édit. de 1847).

pour apprendre ses vertus au peuple, que pour l'exciter à les imiter, que pour montrer que la gloire et la vertu sont inséparables. Ainsi il faut retrancher d'un panégy-rique toutes les louanges vagues, excessives, flatteuses; il n'y faut laisser aucune de ces pensées stériles, qui ne concluent rien pour l'instruction de l'auditeur; il faut que tout tende à lui faire aimer la vertu. Au contraire la plupart des panégyristes semblent ne louer les vertus que pour louer les hommes qui les ont pratiquées, et dont ils ont entrepris l'éloge. Faut-il louer un homme? ils élèvent les vertus qu'il a pratiquées au-dessus de toutes les autres. Mais chaque chose a son tour : dans une autre occasion, ils déprimeront les vertus qu'ils ont élevées, en faveur de quelque autre sujet qu'ils voudront flatter. C'est par ce principe que je blâmeräi Pline. S'il avoit loué Trajan pour former d'autres héros semblables à celui-là, ce seroit une vue digne d'un ora-teur [1]. Trajan, tout grand qu'il est, ne devroit pas être la fin de son discours; Trajan ne devroit être qu'un exemple proposé aux hommes pour les inviter à être vertueux. Quand un panégyriste n'a que cette vue basse de louer un seul homme, ce n'est plus que la flatterie qui parle à la vanité.

B. Mais que répondrez-vous sur les poèmes qui sont faits pour louer des héros? Homère a son Achille;

---

1. Cette vue n'a pas tout à fait manqué à Pline, s'il faut l'en croire sur ce passage d'une de ses lettres (III, xviii) : « Officium consulatus injunxit mihi, ut reipublicæ nomine principi gratias agerem. Quod ego in senatu quum ad rationem et loci et temporis ex more fecissem, bono civi convenientissimum credidi eadem illa spatiosius et uberius volumine amplecti : primum, ut imperatori nostro virtutes suæ veris laudibus commendarentur; deinde ut futuri principes, non quasi a magistro, sed tamen sub exemplo præmonerentur, qua potissimum via possent ad eamdem gloriam niti. Nam præcipere qualis esse debeat princeps, pulchrum quidem, sed onerosum, ac prope superbum est : laudare vero optimum principem, ac per hoc posteris velut e specula lumen quod sequantur ostendere, idem utilitatis habet, arrogantiæ nihil. » Au reste, il se peut que Fénelon, sous cette critique du discours de Pline, ait voulu faire celle du célèbre Panégyrique de Louis XIV, prononcé par Pellisson dans l'Académie française en 1671, et en général des morceaux du même goût qu'on trouve dans tous les ouvrages de ce temps-là, et jusque dans les oraisons funèbres et les sermons.

Virgile son Énée : voulez-vous condamner ces deux poètes?

A. Non, Monsieur : mais vous n'avez qu'à examiner les desseins de leurs poèmes. Dans l'Iliade, Achille est, à la vérité, le premier héros ; mais sa louange[1] n'est pas la fin principale du poème. Il est représenté naturellement avec tous ses défauts ; ces défauts mêmes sont un des sujets sur lesquels le poète a voulu instruire la postérité. Il s'agit, dans cet ouvrage, d'inspirer aux Grecs l'amour de la gloire que l'on acquiert dans les combats, et la crainte de la désunion, comme de l'obstacle à tous les grands succès. Ce dessein de morale est marqué visiblement dans tout ce poème. Il est vrai que l'Odyssée représente dans Ulysse un héros plus régulier et plus accompli ; mais c'est par hasard. C'est qu'en effet un homme dont le caractère est la sagesse, tel qu'Ulysse, a une conduite plus exacte et plus uniforme qu'un jeune homme tel qu'Achille, d'un naturel bouillant et impétueux ; ainsi Homère n'a songé, dans l'un et dans l'autre, qu'à peindre fidèlement la nature. Au reste, l'Odyssée renferme de tous côtés mille instructions morales pour tout le détail de la vie[2], et il ne faut que lire pour voir que le poète[3] n'a peint un homme

---

1. *Sa louange,* et plus loin, *la louange d'Auguste,* expression du style poétique ; Malherbe l'emploie assez souvent :

> *Ta louange* dans mes vers,
> D'amarante couronnée, etc.

> Et quand j'aurai, comme j'espère,
> Fait ouïr du Gange à l'Ibère
> *Sa louange* à tout l'univers.....

Quelques écrivains en prose du xviie siècle en ont encore fait usage, entre autres d'Ablancourt, dans l'*Éloge de Démosthène,* traduit de Lucien.

2. Horace, dans la 2ᵉ épitre du 1ᵉʳ livre, a montré en vers excellents l'instruction morale qui se tire des poèmes d'Homère. Plusieurs rhéteurs grecs, Plutarque, Dion Chrysostome, Maxime de Tyr, l'ont de même souvent indiquée ; et le célèbre Libanius en faisait des leçons dans son école, comme on peut le croire d'après ces paroles de son ancien disciple saint Basile : Ὡς ἐγώ τινος ἤκουσα δεινοῦ καταμαθεῖν ἀνδρὸς ποιητοῦ διάνοιαν, πᾶσα μὲν ἡ ποίησις τῷ Ὁμήρῳ ἀρετῆς ἐστιν ἔπαινος, καὶ πάντα αὐτῷ πρὸς τοῦτο φέρει, κτλ. (*De legendis libris Gentil.* c. v). Compar. *Lettre à l'Académie,* sect. x, p. 111

3. On lit dans l'édition de 1824, *le peintre,* ce qui n'est sans doute qu'une faute d'impression.

sage, qui vient à bout de tout par sa sagesse, que pour apprendre à la postérité les fruits que l'on doit attendre de la piété, de la prudence, et des bonnes mœurs. Virgile, dans l'Énéide, a imité l'Odyssée pour le caractère de son héros; il l'a fait modéré, pieux, et par conséquent égal à lui-même. Il est aisé de voir qu'Énée n'est pas son principal but : il a regardé en ce héros le peuple Romain, qui en devoit descendre[1]. Il a voulu montrer à ce peuple que son origine étoit divine, que les dieux lui avoient préparé de loin l'empire du monde ; et par là il a voulu exciter ce peuple à soutenir par ses vertus la gloire de sa destinée. Il ne pouvoit jamais y avoir chez les païens une morale plus importante que celle-là. L'unique chose sur laquelle on peut soupçonner Virgile, est d'avoir un peu trop songé à sa fortune dans ses vers, et d'avoir fait aboutir son poème à la louange, peut-être un peu flatteuse, d'Auguste et de sa famille ; mais je ne voudrois pas pousser la critique si loin.

B. Quoi, vous ne voulez pas qu'un poète ni un orateur cherche[2] honnêtement sa fortune ?

A. Après notre digression sur les Panégyriques, qui ne sera pas inutile, nous voilà revenus à notre diffi-

[1]. Si les premiers livres de l'Enéide rappellent l'Odyssée, il est très-vrai aussi que partout dans son poème, et principalement dans la seconde partie, Virgile a eu en vue les origines et la gloire du peuple romain, plus encore que la louange d'Auguste et de sa famille. Le discours de Jupiter à Vénus, dans le Ier livre, l'énumération des plus illustres Romains faite par Anchise, dans le VIe, et au VIIIe l'admirable description du bouclier d'Enée, sont, comme on l'a dit, des perspectives historiques, ouvertes à la faveur du merveilleux de l'épopée. Une foule d'autres passages offrent d'ingénieuses allusions aux mœurs, aux usages, à l'histoire de Rome. Aussi le grammairien Servius, sur le v. 752 du VIe livre, a-t-il dit : « Qui bene considerant invenient omnem Romanam historiam, ab Æneæ adventu usque ad sua tempora, summatim celebrasse Virgilium. Quod ideo latet, quia confusus est ordo : nam eversio Ilii et Æneæ errores, adventus, bellumque manifesta sunt; Albanos reges, Romanos etiam consules, Brutos, Catonem, Cæsarem, Augustum, et multa ad historiam Romanam pertinentia hic indicat locus; cætera, quæ hic intermissa sunt, in ἀσπιδοποιίᾳ commemorat. Unde etiam in antiquis invenimus opus hoc appellatum esse non *Æneidem*, sed *Gesta populi Romani*, quod ideo mutatum est, quia nomen non a parte, sed a toto debet dari. »

[2]. Voyez la note 1 de la page 9.

culté. Il s'agit de savoir si les orateurs doivent être désintéressés.

B. Je ne saurois le croire; vous renversez toutes les maximes communes.

A. Ne voulez-vous pas que dans votre République il soit défendu aux orateurs de dire autre chose que la vérité? Ne prétendez-vous pas qu'ils parleront toujours pour instruire, pour corriger les hommes, et pour affermir les lois?

B. Oui, sans doute.

A. Il faut donc que les orateurs ne craignent et n'espèrent rien de leurs auditeurs pour leur propre intérêt. Si vous admettez des orateurs ambitieux et mercenaires, s'opposeront-ils à toutes les passions des hommes? S'ils sont malades de l'avarice, de l'ambition[1], de la mollesse, en pourront-ils guérir les autres? S'ils cherchent les richesses, seront-ils propres à en détacher autrui? Je sais qu'on ne doit pas laisser un orateur vertueux et désintéressé manquer des choses nécessaires; aussi cela n'arrivera-t-il jamais, s'il est vrai philosophe, c'est-à-dire, tel qu'il doit être pour redresser les mœurs des hommes : il mènera une vie simple, modeste, frugale, laborieuse; il lui faudra peu : ce peu ne lui manquera point[2], dût-il de ses propres mains le gagner; le surplus ne doit pas être sa récompense, et n'est pas digne de l'être. Le public lui pourra rendre des honneurs, et lui donner de l'autorité : mais s'il est dégagé des passions, et désintéressé, il n'usera de cette autorité que pour le bien public, prêt à la perdre toutes les fois qu'il ne pourra la conserver qu'en dissimulant, et en flattant les hommes. Ainsi l'Orateur, pour être digne de persuader les peuples, doit être un homme

---

1.   *Aut ob avaritiam aut misera ambitione laborat.*
                         (Hor. *Sat.* I, iv, v. 26.)

2.   *Divitiæ grandes homini sunt, vivere parce*
       Æquo animo; neque enim est unquam penuria parvi.
                         (Lucrèce, l. V, v. 1117.)

incorruptible; sans cela son talent et son art se tourne-
roient en poison mortel contre la République même.
De là vient que, selon Cicéron, la première et la plus
essentielle des qualités d'un orateur est la vertu : il faut
une probité qui soit à l'épreuve de tout, et qui puisse
servir de modèle à tous les citoyens[1] ; sans cela on ne
peut paroître persuadé, ni par conséquent persuader
les autres.

B. Je conçois bien l'importance de ce que vous me
dites : mais après tout, un homme ne pourra-t-il pas
employer son talent pour s'élever aux honneurs?

A. Remontez toujours aux principes. Nous sommes
convenus que l'Éloquence et la profession de l'Orateur est consacrée[2] à l'instruction et à la réformation
des mœurs du peuple. Pour le faire avec liberté et avec
fruit, il faut qu'un homme soit désintéressé; il faut
qu'il apprenne aux autres le mépris de la mort, des
richesses, des délices; il faut qu'il inspire la modestie,
la frugalité, le désintéressement, le zèle du bien public, l'attachement inviolable aux lois : il faut que tout
cela paroisse autant dans ses mœurs que dans ses discours[3]. Un homme qui songe à plaire pour sa fortune,
et qui par conséquent a besoin de ménager tout le

1. « Cicéron et Quintilien établissent en plusieurs endroits de leurs ouvrages, comme un principe incontestable, que l'éloquence ne doit point être
séparée de la probité, que le talent de bien parler suppose et exige celui de
bien vivre, et que pour être orateur il faut être homme de bien, conformément à la définition qu'en donnoit Caton : *Orator, vir bonus dicendi peri-
tus...* La plus légère attention suffit pour reconnoître combien la probité est
nécessaire à un avocat. Tout son but est de persuader : et le moyen le plus
sûr de le faire est que le juge soit prévenu en sa faveur, qu'il le regarde
comme un homme vrai et sincère, plein d'honneur et de bonne foi, à qui
l'on peut se fier pleinement, qui est ennemi capital du mensonge, et incapable d'user de fraude et d'artifice; etc. » ROLLIN, *Tr. des Etudes*, l. IV,
ch. I, art. III. Voy. Quintilien, *Inst. Orat.* l. XII, c. I.

2. Dans les dernières éditions, y compris celle de 1787, *sont consacrées*.
Voyez la note 1 de la page 9.

3. « Un clerc mondain ou irréligieux, s'il monte en chaire, est déclamateur.
» Il y a au contraire des hommes saints, et dont le seul caractère est efficace
pour la persuasion : ils paroissent, et tout un peuple qui doit les écouter est
déjà ému et comme persuadé par leur présence ; le discours qu'ils vont prononcer fera le reste. » LA BRUYÈRE, *de la Chaire*, n. XXIV.

monde, peut-il prendre cette autorité sur les esprits ? Quand même il diroit tout ce qu'il faut dire, croiroit-on ce que diroit un homme qui ne paroîtroit pas le croire lui-même ?

B. Mais il ne fait rien de mal en cherchant une for-tune, dont je suppose qu'il a besoin.

A. N'importe ; qu'il cherche par d'autres voies le bien dont il a besoin pour vivre : il y a d'autres professions qui peuvent le tirer de la pauvreté ; s'il a besoin de quelque chose, et qu'il soit réduit à l'attendre du public, il n'est pas encore propre à être orateur. Dans votre République, choisiriez-vous pour juges des hommes pauvres, affamés ? Ne craindriez-vous pas que le besoin les réduiroit [1] à quelque lâche complaisance ? Ne prendriez-vous pas plutôt des personnes considérables, et que la nécessité ne sauroit tenter ?

B. Je l'avoue.

A. Par la même raison, ne choisiriez-vous pas pour orateurs, c'est-à-dire, pour maîtres qui doivent instruire, corriger, et former les peuples, des gens qui n'eussent besoin de rien, et qui fussent désintéressés ? et s'il y en avoit d'autres qui eussent du talent pour ces sortes d'emplois, mais qui eussent encore des intérêts à ménager, n'attendriez-vous pas à employer leur éloquence jusqu'à ce qu'ils auroient leur nécessaire, et qu'ils ne seroient plus suspects d'aucun intérêt en parlant aux hommes ?

B. Mais il me semble que l'expérience de notre siècle montre assez qu'un orateur peut parler fortement de

---

1. L'éditeur de 1787 et d'autres plus récents ont corrigé, d'après l'*errata* de l'édition de 1718, *ne les réduisit*, et un peu plus bas : *jusqu'à ce qu'ils eussent... et qu'ils ne fussent plus suspects*, etc. L'édition de 1824 n'a point reçu ces corrections, qui mèneraient à en faire beaucoup de semblables dans les œuvres de Fénelon. Il avait retenu de sa province et des habitudes de son enfance ces façons de parler moins correctes, qu'on retrouve encore en usage dans quelques parties de la France, en Poitou et en Saintonge particulièrement. Des phrases pareilles se lisent dans le *Télémaque* (t. I, p. 154 de l'édit. de Lefèvre), dans les *Dialogues des Morts* (édit. de M. Jullien, p. 89, 144), et ailleurs.

mora.e, sans renoncer à sa fortune [1]. Peut-on voir des peintures morales plus sévères que celles qui sont en vogue? On ne s'en fâche point, on y prend plaisir, et celui qui les fait ne laisse pas de s'élever dans le monde par ce chemin.

A. Les peintures morales n'ont point d'autorité pour convertir, quand elles ne sont soutenues ni de prin-. cipes, ni de bons exemples. Qui voyez-vous convertir par là? On s'accoutume d'entendre [2] cette description; ce n'est qu'une belle image, qui passe devant les yeux; on écoute ces discours, comme on liroit une satire; on regarde celui qui parle comme un homme qui joue bien une espèce de comédie; on croit bien plus ce qu'il fait que ce qu'il dit; il est intéressé [3], ambitieux, vain, attaché à une vie molle; il ne quitte aucune des choses qu'il dit qu'il faut quitter: on le laisse dire pour la cérémonie, mais on croit, on fait comme lui [4]. Ce qu'il y a de pis, est qu'on s'accoutume par là à croire que cette sorte de gens ne parle pas de bonne foi : cela dé-

---

1. Le débat se prolonge trop sur cette question pour qu'on ne reconnaisse point que Fénelon s'attaque à un abus ancien et très-général (voy. p. 8 et p. 15). La Bruyère, dans son chapitre *de la Chaire,* y revient aussi à plusieurs reprises : « Le métier de la parole ressemble en une chose à celui de la guerre ; il y a plus de risque qu'ailleurs, mais la fortune y est plus rapide. » (n. xv.) — « L'orateur cherche par ses discours un évêché : l'apôtre fait des conversions ; il mérite de trouver ce que l'autre cherche. » (n. xxi.) — « Un homme dit en son cœur : Je prêcherai, et il prêche ; le voilà en chaire, sans autre talent ni vocation que le besoin d'un bénéfice. » (n. xxiii.)

2. Dans les éditions, *à entendre,* d'après l'*errata* de celle de 1718. A l'époque où Fénelon écrivait, la distinction n'était pas encore rigoureusement établie.

3. Voyez la note 3 de la p. 14.

4. S. Augustin ne craint pas de dire que tous les plus beaux discours ont moins d'autorité que les bons exemples de l'orateur : « Habet ut obedienter audiatur quantacumque granditate dictionis majus pondus vita dicentis. » Il ajoute au même endroit : « Christus veritas est, et tamen etiam non veritate annuntiari veritas potest, id est, ut pravo et fallaci corde quæ recta et vera sunt prædicentur... Ideo audiuntur utiliter qui etiam utiliter non agunt... Multis itaque prosunt, dicendo quæ non faciunt; sed longe pluribus prodessent, faciendo quæ dicunt. Abundant enim qui malæ vitæ suæ defensionem ex ipsis suis præpositis et doctoribus quærant, respondentes corde suo, aut etiam, si ad hoc erumpunt, ore suo, atque dicentes, Quod mihi præcipis cur ipse non facis? Ita fit ut cum non obedienter audiant qui se ipse non audit, et Dei verbum quod eis prædicatur simul cum ipso prædicatore contemnant. » *De Doctr. christ.* IV, XXVII, 59-60.

crie leur ministère ; et quand d'autres parlent après eux avec un zèle sincère, on ne peut se persuader que cela soit vrai.

B. J'avoue que vos principes se suivent et qu'ils persuadent, quand on les examine attentivement : mais n'est-ce point par pur zèle de piété chrétienne que vous dites toutes ces choses ?

A. Il n'est pas nécessaire d'être chrétien pour penser tout cela : il faut être chrétien pour le bien pratiquer ; car la grace seule peut réprimer l'amour-propre, mais il ne faut être que raisonnable pour reconnoître ces vérités-là. Tantôt je vous citois Socrate et Platon : vous n'avez pas voulu déférer à leur autorité. Maintenant que la raison commence à vous persuader, et que vous n'avez plus besoin d'autorités, que direz-vous, si je vous montre que ce raisonnement est le leur ?

B. Le leur ? est-il possible ? J'en serai fort aise [1].

A. Platon fait parler Socrate avec un orateur nommé Gorgias, et avec un disciple de Gorgias, nommé Calliclès. Ce Gorgias étoit un homme très-célèbre [2]; Isocrate, dont nous avons tant parlé, fut son disciple. Ce Gorgias fut le premier, dit Cicéron, qui se vanta de parler éloquemment de tout [3]; dans la suite, les rhéteurs

1. Ce qui suit est une analyse du dialogue de Platon intitulé *Gorgias*, dont les personnages sont, avec Socrate et Gorgias, le rhéteur ou sophiste Polus d'Agrigente, l'Acharnien Calliclès, orateur populaire, et Chéréphon, ami de Socrate.

2. Gorgias était de la ville de Léontini en Sicile, disciple d'Empédocle et du rhéteur sicilien Tisias. Envoyé en ambassade à Athènes avec Polus, dans les premières années de la guerre du Péloponèse, il y excita une grande admiration par son éloquence, et détermina la république à envoyer cent galères au secours des Léontins contre Syracuse. Après être resté longtemps à Athènes, il parcourut la Grèce et la Thessalie ; à la fin il revint à Athènes, où il mourut, âgé de plus de cent ans. On venait de toutes parts étudier chez lui l'éloquence, et non-seulement Isocrate fut son disciple, mais Périclès, le poète Agathon, et Thucydide même, s'étaient exercés à imiter son style brillant et figuré. On croit qu'il était né vers l'an 500 av. J. C.

3. « Gorgias Leontinus, antiquissimus fere rhetor, omnibus de rebus oratorem optime posse dicere existimavit. » *De Inventione*, 1, v. — « Hic in illo ipso Platonis libro de omni re, quæcumque in disceptationem quæstionemque vocaretur, se copiosissime dicturum esse profitetur; isque princeps ex omnibus ausus est in conventu poscere qua de re quisque vellet

grecs imitèrent cette vanité. Revenons au dialogue de
Gorgias et de Calliclès. Ces deux hommes discouroient
élégamment sur toutes choses, selon la méthode du
premier ; c'étoient de ces beaux esprits qui brillent dans
les conversations, et qui n'ont d'autre emploi que celui
de bien parler [1] ; mais il paroît qu'ils manquoient de ce
que Socrate cherchoit dans les hommes, c'est-à-dire
des vrais principes de la morale, et des règles d'un raisonnement exact et sérieux. Après que l'auteur a bien
fait sentir le ridicule de leur caractère d'esprit, il vous
dépeint Socrate qui, semblant se jouer, réduit plaisam-
ment les deux orateurs à ne pouvoir dire ce que c'est
que l'Éloquence. Ensuite Socrate montre que la Rhétorique, c'est-à-dire l'art de ces orateurs-là, n'est pas un
art véritable. Il appelle l'art *une discipline réglée qui
apprend aux hommes à faire quelque chose qui soit utile
à les rendre meilleurs qu'ils ne sont* [2]; par là il montre
qu'il n'appelle art que les arts libéraux, et que ces arts
dégénèrent, toutes les fois qu'on les rapporte à une
autre fin qu'à former les hommes à la vertu. Il prouve
que les rhéteurs n'ont point ce but-là ; il fait voir même
que Thémistocle et Périclès ne l'ont point eu, et par
conséquent n'ont point été de vrais orateurs [3]. Il dit que
ces hommes célèbres n'ont songé qu'à persuader aux
Athéniens de faire des ports, des murailles, et de rem-

audire. » *De Orat.* III, xxxii ; Compar. Cicéron, *de Finibus,* II, i ; Platon,
Gorgias, ch. i et ii.

1. Gorgias, dit Cicéron, regardait comme le plus beau privilége de l'orateur de pouvoir, à l'aide de la parole, élever ou abaisser tour-à-tour un même
objet : « Hoc oratoris esse maxime proprium rem augere posse laudando,
vituperandoque rursus affligere. » (*Brutus,* c. xii.) Quant à Calliclès, il ne
cherchait dans tous ses discours qu'à obtenir la faveur de la populace, et
pour y réussir, il changeait d'avis aussi souvent qu'il était besoin, comme
le lui reproche Socrate dans le *Gorgias* (ch. xxxvii). Tous les sentiments
que lui attribue Platon dans ce dialogue sont ceux d'un homme sans principes et sans morale.

2. Dans le ch. LVI, Τινὲς περὶ ψυχὴν!!! πραγματεῖαι τεχνικαὶ, προμήθειάν τινα
χουσαι τοῦ βελτίστου περὶ τὴν ψυχήν, κτλ., et dans le ch. LVIII, Τὸ παρασκευάζειν
ὅπως ὡς βέλτισται ἔσονται τῶν πολιτῶν αἱ ψυχαὶ, καὶ διαμάχεσθαι λέγοντα τὰ βέλ-
τιστα, κτλ.

3. Voyez ch. LVIII et LXXI-LXXIV.

porter des victoires. Ils n'ont, dit-il, rendu leurs citoyens que riches, puissants, belliqueux, et ils en ont été ensuite maltraités. En cela ils n'ont eu que ce qu'ils méritoient : s'ils les avoient rendus bons par leur éloquence, leur récompense eût été certaine. Qui fait les hommes bons et vertueux est sûr, après son travail, de ne trouver point des ingrats, puisque la vertu et l'ingratitude sont incompatibles. Il ne faut point vous rapporter tout ce qu'il dit sur l'inutilité de cette Rhétorique, parce que tout ce que je vous en ai dit comme de moi-même est tiré de lui ; il vaut mieux vous raconter ce qu'il dit sur les maux que ces vains rhéteurs causent dans une république.

B. Je comprends bien que ces rhéteurs étoient à craindre dans les républiques de la Grèce, où ils pouvoient séduire le peuple et s'emparer de la tyrannie.

A. En effet, c'est principalement de cet inconvénient dont [1] parle Socrate ; mais les principes qu'il donne en cette occasion s'étendent plus loin. Au reste, quand nous parlons ici, vous et moi, d'une république à policer, il s'agit non seulement des états où le peuple gouverne, mais encore de tout état, soit populaire, soit

---

1. Les éditeurs de 1787 et de 1824 ont mis *que* au lieu de *dont*, pensant corriger une faute de langue. Si c'en est une aujourd'hui, il faut croire qu'on n'en jugeait point ainsi au XVIIe siècle. Boileau commence sa IXe Satire par ce vers :

> C'est *à vous*, mon esprit, *à qui* je veux parler.

Molière a mis dans *le Misanthrope*, a. II, sc. V :

> Que de son cuisinier il s'est fait un mérite,
> Et que c'est *à sa table à qui* l'on rend visite.

Le comte de Bussy, qui se piquait d'écrire bien, sinon d'être savant, écrit à Corbinelli (25 mai 1672) : « Vous me réjouissez fort, Monsieur, de me dire que j'ai de l'air d'Horace. Si cela est, c'est *à la nature à qui* j'en ai l'obligation, car je ne l'ai jamais lu. » J.-B. Rousseau, dans la 3e strophe de l'*Ode à la Fortune*, dit :

> Mais *de quelque* superbe titre
> *Dont* ces héros soient revêtus,

où rien ne l'empêchait de mettre *que*. Voltaire même a écrit cette phrase, au livre VII de l'*Histoire de Charles XII* : « Il leur écrivit que s'ils prétendaient gouverner, il leur enverrait une de ses bottes, et que ce serait *d'elle dont* il faudrait qu'ils prissent les ordres. » On pourrait donner une foule d'exemples, pris dans les meilleurs auteurs, de cette prétendue incorrection.

gouverné par plusieurs chefs , soit monarchique ; ainsi je ne touche pas à la forme du gouvernement : en tout pays les règles de Socrate sont d'usage.

B. Expliquez-les donc, s'il vous plaît.

A. Il dit que l'homme étant composé de corps et d'esprit, il faut cultiver l'un et l'autre ; il y a deux arts pour l'esprit, et deux arts pour le corps. Les deux de l'esprit sont la science des Lois et de la Jurisprudence ; par la science des Lois il comprend tous les principes de philosophie pour régler les sentiments et les mœurs des particuliers et de toute la république ; la Jurisprudence est le remède dont on se doit servir pour réprimer la mauvaise foi et l'injustice des citoyens ; c'est par elle qu'on juge les procès et qu'on punit les crimes ; ainsi la science des Lois doit servir à prévenir le mal, et la Jurisprudence à le corriger. Il y a deux arts semblables pour les corps : la Gymnastique, qui les exerce, qui les rend sains, proportionnés, agiles, vigoureux, pleins de force et de bonne grace (vous savez, Monsieur, que les anciens se servoient merveilleusement de cet art que nous avons perdu) ; puis la Médecine, qui guérit les corps, lorsqu'ils ont perdu la santé. La Gymnastique est pour le corps ce que la science des Lois est pour l'ame : elle forme, elle perfectionne. La Médecine est aussi pour le corps ce que la Jurisprudence est pour l'ame : elle corrige, elle guérit. Mais cette institution si pure s'est altérée, dit Socrate. A la place de la science des Lois, on a mis la vaine subtilité des Sophistes, faux philosophes qui abusent du raisonnement, et qui, manquant des vrais principes pour le bien public, tendent à leurs fins particulières. A la Jurisprudence, dit-il encore, a succédé le faste des Rhéteurs, gens qui ont voulu plaire et éblouir ; au lieu de la Jurisprudence qui devoit être la médecine de l'ame, et dont il ne falloit se servir que pour guérir les passions des hommes, on voit de faux orateurs qui n'ont songé qu'à leur réputation. A la Gymnastique, ajoute encore Socrate, on a fait succéder l'art de farder les corps, et de leur donner une fausse et trompeuse beauté, au lieu qu'on ne devoit chercher qu'une beauté simple et naturelle, qui vient de la santé et de la proportion de tous les membres : ce qui ne s'acquiert et ne s'entretient que par le régime et l'exercice. A la Médecine on a fait aussi succéder l'invention des mets délicieux, et de tous les ragoûts qui excitent l'appétit des hommes ; et au lieu de purger l'homme plein d'humeurs pour lui rendre la santé, et par la santé l'appétit, on force la nature, on lui fait un appétit artificiel, par toutes les choses contraires à la tempérance. C'est ainsi que Socrate remarquoit le désordre des mœurs de son temps ; et il conclut en disant que les orateurs, qui, dans la vue de guérir les hommes, devoient leur dire, même avec autorité, des vérités désagréables, et leur donner ainsi des médecines amères, ont au contraire fait pour l'ame comme les cuisiniers pour le corps. Leur Rhétorique n'a été qu'un art de faire des ragoûts pour flatter les hommes malades ; on ne s'est mis en peine que de plaire, que d'exciter la curiosité et l'admiration ; les orateurs n'ont parlé que pour eux. Il finit en demandant où sont les citoyens que ces Rhéteurs ont guéris de leurs mauvaises habitudes ; où sont les gens qu'ils ont rendus tempérants et vertueux. Ne croyez-vous pas entendre un homme de notre siècle qui voit ce qui s'y passe, et qui parle des abus présents ? Après avoir entendu ce païen, que direz-vous de cette éloquence qui ne va qu'à plaire et qu'à faire de belles peintures, lorsqu'il faudroit, comme il dit lui-même, brûler, couper jusqu'au vif [1], et chercher sérieusement

---

1. Τέμνειν καὶ κάειν, dans le *Gorgias*, ch. xxxvi et lxxvii. Lucien dit avec les mêmes termes que l'éloquence libre et hardie de Démosthène agit comme par le fer et le feu sur les Athéniens, pour guérir leur mollesse, ὥσπερ τομῇ τινι καὶ καύσει τῆς ῥᾳθυμίας τῇ παῤῥησίᾳ χρώμενος (*Eloge de Démosthène*, ch. xxxvi).

la guérison par l'amertume des remèdes et par la sévérité du régime? Mais jugez de ces choses par vous-même. Trouveriez-vous bon qu'un médecin qui vous traiteroit s'amusât, dans l'extrémité de votre maladie, à débiter des phrases élégantes et des pensées subtiles? Que penseriez-vous d'un avocat, qui, plaidant une cause où il s'agiroit de tout le bien de votre famille ou de votre propre vie, feroit le bel esprit, et rempliroit son plaidoyer de fleurs et d'ornements, au lieu de raisonner avec force, et d'exciter la compassion des juges? L'amour du bien et de la vie fait assez sentir ce ridicule-là; mais l'indifférence où l'on vit pour les bonnes mœurs et pour la religion, fait qu'on ne les remarque point dans les orateurs, qui devroient être les censeurs et les médecins du peuple. Ce que vous avez vu qu'en pensoit Socrate doit nous faire honte.

B. Je vois bien maintenant, selon vos principes, que les orateurs devroient être les défenseurs des lois, et les maîtres des peuples pour leur enseigner la vertu; mais l'Éloquence du barreau, chez les Romains, n'alloit pas jusque-là.

A. C'étoit sans doute son but, Monsieur : les orateurs devoient protéger l'innocence et les droits des particuliers, lorsqu'ils n'avoient point d'occasion de représenter dans leurs discours les besoins généraux de la république : de là vient que cette profession fut si honorée, et que Cicéron nous donne une si haute idée du véritable Orateur[1].

B. Mais voyons donc de quelle manière ces orateurs doivent parler; je vous supplie de m'expliquer vos vues là-dessus.

A. Je ne vous dirai pas les miennes : je continuerai à vous parler selon les règles que les anciens nous don-

---

1. Voyez l'*Orator*, c. 11 et suivants, à partir des mots : « Atque ego in summo oratore fingendo talem informabo, qualis fortasse nemo fuit, etc. » Ajoutez *de Oratore*, I, 11-VI ; VIII ; XI-XVII ; XXI-XXVIII, etc.

nent. Je ne vous dirai même que les principales choses, car vous n'attendez pas que je vous explique par ordre le détail presque infini des préceptes de la Rhétorique[1] : il y en a beaucoup d'inutiles ; vous les avez lus dans les livres, où ils sont amplement[2]. Contentons-nous de parler de ce qui est le plus important. Platon, dans son dialogue où il fait parler Socrate avec Phèdre[3], montre que le grand défaut des rhéteurs est de chercher l'art de persuader avant que d'avoir appris, par les principes de la Philosophie, quelles sont les choses qu'il faut tâcher de persuader aux hommes. Il veut que l'Orateur ait commencé par l'étude de l'homme en général ; qu'après il se soit appliqué à la connoissance des hommes en particulier auxquels il doit parler ; ainsi il faut savoir ce que c'est que l'homme, sa fin, ses intérêts véritables ; de quoi il est composé, c'est-à-dire, de corps et d'esprit ; la véritable manière de le rendre[4] heureux ; quelles sont ses passions, les excès qu'elles peuvent avoir, la manière de les régler, comment on peut les exciter utilement pour lui faire aimer le bien ; les règles qui sont propres à le faire vivre en paix, et à entretenir la société. Après cette étude générale vient la particulière. Il faut connoître les lois et les coutumes de son pays, les rapports qu'elles ont avec le tempérament des peuples, les mœurs de chaque condition, les éducations différentes, les préjugés et les intérêts qui dominent dans le siècle où l'on

1. « Non complectar in his libris amplius quam quod huic generi, re quæsita et multum disputata, summorum hominum prope consensu est tributum ; repetamque non ab incunabulis nostræ veteris puerilisque doctrinæ quemdam ordinem præceptorum, sed ea quæ quondam accepi in nostrorum hominum eloquentissimorum et omni dignitate principum disputatione esse versata ; non quod illa contemnam, quæ Græci dicendi artifices et doctores reliquerunt ; sed quum illa pateant in promptuque sint omnibus,... dabis hanc veniam, etc. » CICÉRON, *de Orat.* I, VI.

2. Dans les éditions de 1787 et de 1824, *amplement exposés.*

3. Analyse rapide d'une partie importante du *Phèdre*, ch. XIII-LVIII.

4. Dans l'édition de 1718, *les rendre,* et plus bas, *les faire vivre,* fautes corrigées à l'*errata.*

vit, le moyen d'instruire et de redresser les esprits.
Vous voyez que ces connoissances comprennent toute
la Philosophie la plus solide. Ainsi Platon montre par
là qu'il n'appartient qu'au Philosophe d'être véritable
orateur : c'est en ce sens qu'il faut expliquer tout ce
qu'il dit dans le dialogue de Gorgias contre les Rhéteurs, c'est-à-dire, contre cette espèce de gens qui
s'étoient fait un art de bien parler et de persuader,
sans se mettre en peine de savoir par principes ce
qu'on doit tâcher de persuader aux hommes ; ainsi
tout le véritable art, selon Platon, se réduit à bien
savoir ce qu'il faut persuader, et à bien connoître les
passions des hommes, et la manière de les émouvoir,
pour arriver à la persuasion. Cicéron a presque dit les
mêmes choses[1]. Il semble d'abord vouloir que l'Orateur
n'ignore rien, parce que l'Orateur peut avoir besoin
de parler de tout, et qu'on ne parle jamais bien, dit-il
après Socrate, que de ce qu'on sait bien[2]. Ensuite il
se réduit, à cause des besoins pressants et de la brièveté
de la vie, aux connoissances les plus nécessaires[3]. Il
veut au moins qu'un orateur sache bien toute cette
partie de la Philosophie qui regarde les mœurs, ne lui
permettant d'ignorer que les curiosités de l'astrologie
et des mathématiques : surtout il veut qu'il connoisse
la composition de l'homme, et la nature de ses

1. Principalement dans les livres I et III des dialogues *de Oratore*. —
Compar. Tacite, *Dial. sur les Orateurs*, c. XXX-XXXII.

2. « Socrates dicere solebat, omnes in eo quod scirent satis esse elo-
quentes. » *De Orat.* I, XIV.

3. « Ac mea quidem sententia nemo poterit esse omni laude cumulatus
orator, nisi erit omnium rerum magnarum atque artium scientiam conse-
cutus. Etenim ex rerum cognitione efflorescat et redundet oportet oratio ;
quæ, nisi sint ab oratore percepta et cognita, inanem quamdam habet elocu-
tionem et pæne puerilem. Neque vero ego hoc tantum oneris imponam nostris præsertim oratoribus in hac tanta occupatione urbis ac vitæ, nihil ut iis
putem licere nescire ; quanquam vis oratoris professioque ipsa bene dicendi
hoc suscipere ac polliceri videtur, ut omni de re, quæcumque sit proposita,
ornate ab eo copioseque dicatur. » *Ibid.* I, V. C'est, dans ce dialogue, l'orateur Crassus qui demande pour le parfait orateur les connaissances les plus
étendues, et particulièrement celle de la philosophie morale. Voyez encore
ibid. I, XI-XVI ; *Orator*, c. IV ; Quintilien, II, XXI, 14.

passions[1], parce que l'Éloquence a pour but d'en mouvoir à propos les ressorts. Pour la connoissance des lois, il la demande à l'Orateur, comme le fondement de tous ses discours[2]; seulement il permet qu'il n'ait pas passé sa vie[3] à approfondir toutes les questions de la Jurisprudence pour le détail des causes, parce qu'il peut, dans le besoin, recourir aux profonds jurisconsultes, pour suppléer ce qui lui manqueroit de ce côté-là. Il demande, comme Platon, que l'Orateur soit bon dialecticien[4]; qu'il sache définir, prouver, démêler les plus subtils sophismes. Il dit que c'est détruire la Rhétorique de la séparer de la Philosophie; que c'est faire des orateurs des déclamateurs puérils[5] sans jugement. Non seulement il veut une connoissance exacte de tous les principes de la morale, mais encore une étude particulière de l'antiquité. Il recommande la lecture des anciens Grecs[6]; il veut qu'on étudie les historiens, non seulement pour leur style[7], mais encore pour les faits de l'Histoire; surtout il exige l'étude des poètes, à cause du grand rapport qu'il y a entre les figures de la Poésie et celles de l'Éloquence. En un mot, il répète souvent que l'Orateur doit se remplir l'esprit de choses, avant que de parler. Je crois que je me souviendrai de ses propres termes, tant je les ai relus, et tant ils m'ont fait d'impression. Vous serez surpris de tout ce qu'il demande. L'Orateur, dit-il, doit avoir la subtilité des dialecticiens, la science des philosophes, la diction presque des poètes, la voix et

1. Voy. *de Orat.* I, XVIII-XX et LI-LIV.
2. *De Orat.* I, XXXVI-XLVI et LV-LX.
3. Les mots *passé sa vie* ne sont pas dans le texte de l'édition de 1718, mais seulement dans l'*errata*. Ils ne semblent pas nécessaires, ni justifiés par aucune expression de Cicéron (voy. *de Orat.* I, LVIII).
4. Voy. *de Orat.* III, XIV-XIX; *Orator,* c. XXXII et XXXIII.
5. *De Orat.* III, XXI et XXXIV.
6. « Legendi etiam poetæ, cognoscenda historia, omnium bonarum artium scriptores ac doctores et legendi et pervolutandi; etc. » *De Orat.* I, XXXIV; voyez *ibid.* I, LX; *Orat.* c. XXXIV.
7. Dans l'édition de 1718, *leurs styles.*

les gestes des plus grands acteurs[1]. Voyez quelle préparation il faut pour tout cela.

C. Effectivement, j'ai remarqué en bien des occasions que ce qui manque le plus à certains orateurs, qui ont d'ailleurs beaucoup de talents, c'est le fonds de science[2]. Leur esprit paroît vuide[3]. On voit qu'ils ont eu bien de la peine à trouver de quoi remplir leurs discours : il semble même qu'ils ne parlent pas parce qu'ils sont remplis de vérités, mais qu'ils cherchent les vérités à mesure qu'ils veulent parler.

A. C'est ce que Cicéron appelle des gens qui vivent au jour la journée, sans nulle provision[4]; malgré tous leurs efforts, leurs discours paroissent toujours maigres et affamés[5]. Il n'est pas temps de se préparer trois mois avant que de faire un discours public; ces préparations particulières, quelque pénibles qu'elles soient, sont nécessairement très-imparfaites, et un habile homme en remarque bientôt le foible; il faut avoir passé plusieurs années à faire un fonds abondant. Après cette préparation générale, les préparations particulières coûtent peu; au lieu que quand on ne s'applique qu'à des actions détachées[6], on est réduit à payer de phrases et d'antithèses[7] : on ne traite que des lieux com-

1. « In oratore acumen dialecticorum, sententiæ philosophorum, verba prope poetarum, memoria jurisconsultorum, vox tragædorum, gestus pæne summorum actorum est requirendus. » *De Orat.* I, xxviii.

2. Voyez page 65, note 4. — Dans l'édition de 1718, on a imprimé *fond de science,* et quelques lignes plus bas, ainsi que p. 70, *un fond abondant.*

3. Cette orthographe est celle du temps : elle s'est conservée dans les livres imprimés jusqu'à la fin du xviiie siècle.

4. Dans le *de Oratore,* III, xxxiii, il dit : «Nunc plerique ad honores adipiscendos et ad rempublicam gerendam nudi veniunt atque inermes, nulla cognitione rerum, nulla scientia ornati; etc. » Au ch. xxxvi, il fait dire à Sulpicius : « Ex eloquentia ipsa permulta nescio; quæ tum denique, quum causa aliqua quæ a me dicenda est desiderat, quæro. » Quintilien parle de même, à propos de l'élocution; voy. *Inst. Or.* l. VIII, *proœm.* 27-32.

5. Expressions latines, *sicca et jejuna oratio.*

6. C'est-à-dire, à des discours qu'on fait à l'occasion, sans suite et sans études générales. Voyez p. 62, note 1.

7. A se tirer d'embarras avec des phrases et des antithèses; comme on dit *payer d'audace, payer d'effronterie, payer de belles paroles.*

muns; on ne dit rien que de vague; on coud des lam-
beaux qui ne sont point faits les uns pour les autres; on
ne montre point les vrais principes des choses; on se
borne à des raisons superficielles, et souvent fausses;
on n'est pas capable de montrer l'étendue des vérités,
parce que toutes les vérités générales ont un enchaînement nécessaire, et qu'il les faut connoître presque
toutes, pour en traiter solidement une en particulier.

C. Cependant la plupart des gens qui parlent en public acquièrent beaucoup de réputation sans autre fonds
que celui-là.

A. Il est vrai qu'ils sont applaudis par des femmes
et par le gros du monde, qui se laisse[1] aisément éblouir;
mais cela ne va jamais qu'à une certaine vogue capricieuse, qui a besoin même d'être soutenue par quelque
cabale. Les gens qui savent les règles et qui connois-
sent le but de l'Éloquence, n'ont que du dégoût et du
mépris pour ce discours en l'air[2]; ils s'y ennuient
beaucoup.

C. Vous voudriez qu'un homme attendît bien tard à
parler en public; sa jeunesse seroit passée avant qu'il
eût acquis le fonds que vous lui demandez, et il ne seroit plus en âge de l'exercer.

A. Je voudrois qu'il s'exerçât de bonne heure, car
je n'ignore pas ce que peut l'action[3]; mais je ne voudrois pas que, sous prétexte de s'exercer, il se jetât
d'abord dans les emplois extérieurs, qui ôtent la liberté
d'étudier[4]. Un jeune homme pourroit de temps en temps

1. Dans l'édit. de 1824, *se laissent.*

2. A la place de cette expression familière et piquante, très-connue en
français, et qui vient de l'italien (*cosa in aria, castelli in aria,* etc.),
l'*errata* de l'édit. de 1718 donne, *ces discours vains,* et l'édition de 1787,
ces vains discours. L'éditeur de 1824 n'a pris de cette correction que le pluriel *ces discours.* Le singulier a ici le sens de genre ou manière de parler,
comme souvent, en latin, *oratio.*

3. L'exercice de la parole, *dicendi actio,* en grec, ἀγών ou ἀγώνισμα.

4. On voyait alors beaucoup de prédicateurs très-jeunes et sans expérience. Fénelon s'en plaint vivement dans le IIIe Dialogue, p. 112. Au contraire, Bossuet et Fénelon ne parurent qu'assez tard dans la chaire, après

faire des essais, mais il faudroit que l'étude des bons livres fût longtemps son occupation principale.

C. Je crois ce que vous dites. Cela me fait souvenir d'un prédicateur de mes amis, qui vit, comme vous disiez, au jour la journée; il ne songe à une matière que quand il est engagé à la traiter : il se renferme dans son cabinet, il feuillette la Concordance[1], Combefis[2], *Polyanthea*[3], quelques sermonnaires qu'il a achetés, et certaines collections qu'il a faites de passages détachés, et trouvés comme par hasard.

A. Vous comprenez bien que tout cela ne sauroit faire un habile homme. En cet état on ne peut rien dire avec force, on n'est sûr de rien; tout a un air d'emprunt et de pièces rapportées ; rien ne coule de source ; on se fait grand tort à soi-même d'avoir tant d'impatience de se produire.

B. Dites-nous donc, avant que de nous quitter, quel est, selon vous, le grand effet de l'Éloquence.

A. Platon dit qu'un discours n'est éloquent qu'autant qu'il agit dans l'ame de l'auditeur[4] : par là vous pouvez juger sûrement de tous les discours que vous entendez. Tout discours qui vous laissera froid, qui ne

s'être exercés longtemps dans les travaux obscurs des controverses avec les protestants et des missions de province. De même Bourdaloue et Massillon avaient près de quarante ans, quand ils commencèrent à prêcher dans Paris et à la cour.

1. On appelle ainsi un vaste *index* des mots et des phrases de la Bible, d'un usage très-commode pour la recherche et la vérification des textes de l'Ecriture.

2. François Combefis, Dominicain, très-versé dans la langue grecque et dans la connaissance des Pères de l'Église; né en 1605, mort en 1679. Sa principale publication est le recueil intitulé : *Bibliotheca Patrum concionatoria*, Paris, 1662-1672, 10 vol. in-fol.

3. Recueil de lieux-communs, composé au commencement du xvie siècle, ou peut-être dans le xve. Voici le titre de l'une des principales éditions : *Epitome novissima Polyanthea, hoc est, opus suavissimis floribus celebriorum sententiarum tam Græcarum quam Latinarum exornatum, quos ex innumeris fere cum sacris, tum prophanis authoribus, iisque vetustioribus et recentioribus, summa fide collegere, ad communem studiosæ juventutis utilitatem, eruditissimi viri Dominicus Nanus Mirabellius, Bartholomæus Amantius, et Franciscus Tortius.* Lugduni, M. DC. XXIX. fol.

4. Ces mots paraissent se rapporter à ce passage du *Phèdre*, c. LVI · Ἐπειδὴ λόγου δύναμις τυγχάνει ψυχαγωγία οὖσα, κτλ.

fera qu'amuser votre esprit, et qui ne remuera point vos entrailles, votre cœur, quelque beau qu'il paroisse, ne sera point éloquent. Voulez-vous entendre Cicéron parler comme Platon en cette matière? Il vous dira que toute la force de la parole ne doit tendre qu'à mouvoir les ressorts cachés que la nature a mis dans le cœur des hommes[1]. Ainsi consultez-vous vous-même, pour savoir si les orateurs que vous écoutez font bien[2]. S'ils font une vive impression en vous, s'ils rendent votre ame attentive et sensible aux choses qu'ils disent, s'ils vous échauffent et vous enlèvent au-dessus de vous-même, croyez hardiment qu'ils ont atteint le but de l'Éloquence. Si, au lieu de vous attendrir ou de vous inspirer de fortes passions[3], ils ne font que vous plaire, et que vous faire admirer l'éclat et la justesse de leurs pensées et de leurs expressions, dites que ce sont de faux orateurs[4].

1. In Phædro Platonis hoc Periclem præstitisse cæteris dicit oratoribus Socrates, quod is Anaxagoræ physici fuerit auditor; a quo censet eum, quum alia præclara quædam et magnifica didicisset, uberem et fecundum fuisse, gnarumque (quod est eloquentiæ maximum), quibus orationis modis quæque animorum partes pellerentur. » *Orator*, c. IV. — « Duo sunt, quæ bene tractata ab oratore admirabilem eloquentiam faciant; quorum alterum est, quod Græci ἠθικὸν vocant, ad naturas et ad mores et ad omnem vitæ consuetudinem accommodatum; alterum, quod iidem παθητικὸν nominant, quo perturbantur animi et concitantur, in quo uno regnat oratio. » *Ibid.* c. XXXVII. Comparez *de Oratore*, II, XLI-XLIV; III, XXVII, etc.

2. C'est-à-dire, parlent bien et avec succès, *bene agunt*. Voy. p. 121.

3. On a déjà remarqué (p. 19, note 1) ce qu'il y a d'équivoque dans cette expression, qui est ici pour *exciter en vous de vifs sentiments*.

4. « Non sane si dicenti crebrius et vehementius acclametur, ideo granditer putandus est dicere : hoc enim et acumina submissi generis et ornamenta faciunt temperati. Grande autem genus plerumque pondere suo voces premit, sed lacrimas exprimit. » S. AUGUSTIN, *de Doctr. christ.* IV, XXIV, 53. On lit dans Aulugelle, *Nuits Attiques*, l. V, c. 1 : « Musonium philosophum solitum dicere accepimus : Quum philosophus, inquit, hortatur, monet, suadet, objurgat, aliudve quid disciplinarum disserit; tum qui audiunt, si summo et soluto pectore obvias vulgatasque laudes effutiunt; si clamitant etiam, si vocum ejus festivitatibus, si modulis verborum, si quibusdam quasi frequentamentis orationis moventur, exagitantur et gestiunt : tum scias et qui dicit et qui audiunt frustra esse, neque illic philosophum loqui, sed tibicinem canere... Quisquis ille est qui audit, nisi ille est plane deperditus, inter ipsam philosophi orationem et perhorrescat necesse est et pudeat tacitus et pœniteat et gaudeat et admiretur; etc. » Ces observations d'un philosophe païen s'appliquent très-bien à la prédication chrétienne. Com-

B. Attendez un peu, s'il vous plaît ; permettez-moi de vous faire encore quelques questions.

A. Je voudrois pouvoir attendre, car je me trouve bien ici ; mais j'ai une affaire que je ne puis remettre : demain je reviendrai vous voir, et nous acheverons cette matière plus à loisir[1].

B. Adieu donc, Monsieur, jusqu'à demain.

parez la conclusion du IIIe Dialogue, et le sermon de Bossuet *sur la parole de Dieu*, dans le 2e et le 3e point.

1. En résumé, ce Ier Dialogue est comme l'introduction des deux autres ; on y voit surtout la critique de l'éloquence vulgaire des prédicateurs, ou plutôt de la rhétorique vaine, affectée et creuse des déclamateurs de la chaire. La frivolité et l'ambition des prédicateurs qui ne font servir leur bel esprit et leur talent qu'au soin de leur fortune, y sont attaqués avec force ; en même temps, l'exposition des idées platoniciennes, ainsi que des principes généraux professés par les maîtres de l'Éloquence dans l'antiquité, en donnant la plus haute et la plus noble idée de ce grand art, fait sentir encore mieux le vide et la sécheresse d'un genre de prédication où tout est donné à la mode, à l'apparence, au désir de briller et de plaire.

DIALOGUE II.

B. Vous êtes un aimable homme d'être revenu si ponctuellement; la conversation d'hier nous a laissés en impatience d'en voir la suite.

C. Pour moi, je suis venu à la hâte de peur d'arriver trop tard, car je ne veux rien perdre.

A. Ces sortes d'entretiens ne sont pas inutiles : on se communique mutuellement ses pensées ; chacun dit ce qu'il a lu de meilleur. Pour moi, Messieurs, je profite beaucoup à raisonner avec vous, vous souffrez mes libertés.

B. Laissez-là le compliment : pour moi, je me fais justice, et je vois bien que sans vous je serois encore enfoncé dans plusieurs erreurs. Achevez, je vous prie, de m'en tirer [1].

A. Vos erreurs, si vous me permettez de parler ainsi, sont celles de la plupart des honnêtes gens [2], qui n'ont point approfondi ces matières.

B. Achevez donc de me guérir ; nous aurons mille choses à dire, ne perdons point de temps, et sans préambule venons au fait.

A. De quoi parlions-nous hier, quand nous nous séparâmes? De bonne foi, je ne m'en souviens plus.

C. Vous parliez de l'Éloquence, qui consiste toute à émouvoir.

B. Oui, j'avois peine à comprendre cela; comment l'entendez-vous?

A. Le voici. Que diriez-vous d'un homme qui per-

---

1. Une fois que ce personnage est, pour ainsi dire, converti, et reconnaît ses erreurs, il n'y a plus à proprement parler de dialogue, mais une pure et simple exposition, dans laquelle les objections des interlocuteurs ne sont plus que pour la forme, et ne servent qu'à varier le discours.

2. Voyez sur ce mot la note 1 de la p. 7, et le livre de M. Cousin, sur les *Pensées de Pascal*, édition de 1849, p. 244 et 253.

suaderoit sans prouver? Ce ne seroit pas là le vrai orateur; il pourroit séduire les autres hommes, ayant
l'invention[1] de les persuader, sans leur montrer que ce
qu'il leur persuaderoit seroit la vérité. Un tel homme
seroit dangereux dans la République; c'est ce que nous
avons vu dans les raisonnements de Socrate.

B. J'en conviens.

A. Mais que diriez-vous d'un homme qui prouveroit
la vérité d'une manière exacte, sèche, nue; qui mettroit ses arguments en bonne forme, ou qui se serviroit de la méthode des géomètres dans ses discours
publics, sans y ajouter rien de vif et de figuré? seroit-ce
un orateur?

B. Non, ce ne seroit qu'un philosophe.

A. Il faut donc, pour faire un orateur, choisir un
philosophe, c'est-à-dire, un homme qui sache prouver la vérité, et ajouter à l'exactitude de ses raisonnements la beauté et la véhémence d'un discours varié,
pour en faire un orateur.

B. Oui, sans doute.

A. Et c'est en cela que consiste la différence de la
conviction de la Philosophie et de la persuasion de
l'Éloquence.

B. Comment dites-vous? je n'ai pas bien compris.

A. Je dis que le Philosophe ne fait que convaincre,
et que l'Orateur, outre qu'il convainc, persuade.

B. Je n'entends pas bien encore. Que reste-t-il à faire
quand l'auditeur est convaincu?

A. Il reste à faire ce que feroit un orateur plus qu'un
métaphysicien, en vous montrant l'existence de Dieu.
Le métaphysicien vous fera une démonstration simple,
qui ne va qu'à la spéculation. L'Orateur y ajoutera tout

---

1. *Ayant l'invention* est pour dire, *ayant l'art* ou *le talent*. Ce mot est
employé de même à la p. 96. Mme de Sévigné (*L. à Mme de Grignan*, du
27 mai 1680) dit, en parlant de son fils : « Il trouve *l'invention* de dépen-
ser sans paroître, de perdre sans jouer, et de payer sans s'acquitter. »

ce qui peut exciter en vous des sentiments [1], et vous faire aimer la vérité prouvée ; c'est ce qu'on appelle persuasion.

B. J'entends à cette heure votre pensée.

A. Cicéron a eu raison de dire qu'il ne falloit jamais séparer la Philosophie de l'Éloquence ; car le talent de persuader sans science et sans sagesse est pernicieux ; et la sagesse, sans art de persuader, n'est point capable de gagner les hommes, et de faire entrer la vertu dans les cœurs [2]. Il est bon de remarquer cela en passant, pour comprendre combien les gens du dernier siècle se sont trompés. Il y avoit d'un côté des savants à belles-lettres, qui ne cherchoient que la pureté des langues et les livres poliment écrits ; ceux-là, sans principes solides de doctrine, avec leur politesse et leur érudition, ont été la plupart libertins [3]. D'un autre côté on voyoit des scholastiques secs et épineux, qui proposoient la vérité d'une manière si désagréable et si peu sensible, qu'ils rebutoient presque tout le monde. Pardonnez-moi cette digression ; je reviens à mon but. La persuasion a donc au-dessus de la simple conviction, que non seulement elle fait voir la vérité, mais qu'elle

---

1. Voyez la note 1 de la p. 19. — « Aristote est un moraliste rigoureux outre mesure quand il demande (*Rhétorique*, l. 1, ch. 1) que l'orateur se renferme dans le raisonnement et dans la preuve, et ne veut pas qu'il essaye d'agir sur la sensibilité du juge... Dans les choses qui nous intéressent, bien comprendre et bien sentir ne sauraient se séparer. La morale elle-même veut que le cœur prenne parti pour ce que l'esprit reconnaît comme vrai et comme bon. L'orateur ne doit pas repousser la calomnie sans la livrer à l'indignation des gens de bien ; il ne défendra pas l'honnête homme outragé sans appeler l'affection et le respect de tous sur sa tête... En un mot, s'il n'y a point d'orateur sans la logique, il n'y en a point non plus sans la passion. » M. HAVET, *Étude sur la Rhétorique d'Aristote*, p. 27.

2. « Positum sit in primis, quod post magis intelligetur, sine philosophia non posse effici, quem quærimus, eloquentem ; etc. » *Orat.* c. IV. — « Me quidem diu cogitantem ratio ipsa in hanc potissimum sententiam ducit, ut existimem sapientiam sine eloquentia parum prodesse civitatibus, eloquentiam vero sine sapientia nimium obesse plerumque, prodesse nunquam. » *De Inventione*, I, I. Compar. S. Augustin, *de Doctr. christ.* IV, V, 7.

3. Au XVIIe siècle ce mot s'appliquait ordinairement à ceux qui professaient des opinions hardies dans les matières de la foi et les questions religieuses. Voy. p. 119. — Beaucoup des savants du XVIe siècle furent favorables à la Réforme.

3

la dépeint aimable, et qu'elle émeut les hommes en sa faveur. Ainsi, dans l'Éloquence, tout consiste à ajouter à la preuve solide les moyens d'intéresser l'auditeur, et d'employer ses passions pour le dessein qu'on se propose. On lui inspire l'indignation contre l'ingratitude, l'horreur contre la cruauté, la compassion pour la misère, l'amour pour la vertu, et le reste de même. Voilà ce que Platon appelle agir sur l'ame de l'auditeur [1] et émouvoir ses entrailles. L'entendez-vous maintenant?

B. Oui, je l'entends, et je vois bien par là que l'Éloquence n'est point une invention frivole pour éblouir les hommes par des discours brillants ; c'est un art très-sérieux, et très-utile à la morale [2].

A. De là vient ce que dit Cicéron, qu'il a vu bien des gens diserts, c'est-à-dire, qui parloient avec agrément et d'une manière élégante ; mais qu'on ne voit presque jamais de vrai orateur [3], c'est-à-dire, d'homme qui sache entrer dans le cœur des autres, et qui les entraîne.

B. Je ne m'en étonne plus, et je vois bien qu'il n'y a presque personne qui tende à ce but. Je vous avoue que Cicéron même, qui posa cette règle, semble s'en être écarté souvent [4]. Que dites-vous de toutes les fleurs dont il a orné ses harangues? Il me semble que l'esprit s'y amuse, et que le cœur n'en est point ému.

A. Il faut distinguer, Monsieur : les pièces de Cicéron encore jeune, où il ne s'intéresse que pour sa réputation, ont souvent ce défaut : il paroît bien qu'il est

---

1. Voyez la note 4 de la p. 44.—Compar. Cicéron, *de Orat.* I, v ; II, LXXXII.

2. Comparez le passage de la *Lettre à l'Académie*, sect. IV, p. 44 : « Il ne faut point faire à l'Éloquence le tort de penser qu'elle n'est qu'un art frivole, etc. »

5. C'est un mot de l'orateur Antoine, rappelé par Cicéron dans le *de Oratore* (I, XXI), et dans l'*Orator* (c. v) : *Disertos se vidisse multos, eloquentem omnino neminem.*

4. La remarque du personnage *B* sur Cicéron est conforme à l'opinion qu'il a déjà exprimée (p. 8). C'est en partie celle de Fénelon, qui semble avoir distingué deux orateurs en Cicéron : l'un, rhéteur et bel esprit, tout occupé de plaire et de briller ; l'autre, grave, philosophe, simple, grand et véhément même dans l'occasion. Voyez la *Lettre à l'Académie*, p. 49-50.

plus occupé du désir d'être admiré que de la justice de
sa cause[1]. C'est ce qui arrivera toujours, lorsqu'une
partie emploiera, pour plaider sa cause, un homme
qui ne se soucie de son affaire que pour remplir sa profession avec éclat. Aussi voyons-nous que la plaidoirie
se tournoit souvent chez les Romains en déclamation
fastueuse. Mais après tout, il faut avouer qu'il y a dans
ces harangues, même les plus fleuries, bien de l'art
pour persuader et pour émouvoir. Ce n'est pourtant
pas par cet endroit qu'il faut voir Cicéron pour le bien
connoître; c'est dans les harangues qu'il a faites, dans
un âge plus avancé, pour les besoins de la République.
Alors l'expérience des grandes affaires, l'amour de la
liberté, la crainte des malheurs dont il étoit menacé, lui
faisoient faire des efforts dignes d'un orateur. Lorsqu'il
s'agit de soutenir la liberté mourante, et d'animer toute
la République contre Antoine son ennemi[2], vous ne le
voyez plus chercher des jeux d'esprit et des antithèses;
c'est là qu'il est véritablement éloquent : tout y est négligé, comme il dit lui-même dans l'*Orateur*[3] qu'on
le doit être lorsqu'il s'agit d'être véhément; c'est un
homme qui cherche simplement dans la seule nature
tout ce qui est capable de saisir, d'animer, et d'entraîner les hommes.

C. Vous nous avez parlé souvent des jeux d'esprit :
je voudrois bien savoir ce que c'est précisément ; car
je vous avoue que j'ai peine à distinguer dans l'occasion
les jeux d'esprit d'avec les autres ornements du discours :
il me semble que l'esprit se joue dans tous les discours
ornés.

A. Pardonnez-moi, il y a, selon Cicéron même, des

---

1. Cicéron lui-même, dans l'*Orator* (c. xxx), a reconnu les défauts brillants des discours de sa jeunesse. Mais il nous apprend aussi que dès le
temps de ses premiers débuts il se livrait avec une grande ardeur à l'étude
des sciences et de la philosophie. V. *Brutus*, c. lxxxix et xc.
2. Dans les *Philippiques*. Voyez la *Lettre à l'Académie*, p. 50 et 109.
3. Voyez ch. xxxvii et xxxviii.

expressions dont tout l'ornement naît de leur force, et de la nature du sujet[1].

C. Je n'entends point tous ces termes de l'art; expliquez-moi, s'il vous plaît, familièrement, à quoi je pourrai d'abord reconnoître un jeu d'esprit et un ornement solide.

A. La lecture et la réflexion pourront vous l'apprendre; il y a cent manières[2] différentes de jeux d'esprit.

C. Mais encore, de grace, quelle en est la marque générale? est-ce l'affectation?

A. Ce n'est pas toute sorte d'affectation; mais c'est celle de vouloir plaire et montrer son esprit.

C. C'est quelque chose : mais je voudrois encore des marques plus précises, pour aider mon discernement.

A. Hé bien, en voici une qui vous contentera peut-être. Nous avons déjà dit que l'Éloquence consiste non seulement dans la preuve, mais encore dans l'art d'exciter les passions. Pour les exciter, il faut les peindre[3]; ainsi je crois que toute l'Éloquence se réduit à prouver, à peindre et à toucher[4]. Toutes les pensées brillantes qui ne vont point à une de ces trois choses ne sont que jeu d'esprit.

C. Qu'appelez-vous peindre? je n'entends point tout votre langage.

A. Peindre, c'est non seulement décrire les choses, mais en représenter les circonstances d'une manière si

1. « Ornatur oratio genere primum, et quasi colore quodam et succo suo; etc. » *De Orat.* III, xxv.

2. *Manières,* pour *sortes.* Voy. p. 8, note 2.

3. Voyez p. 19, note 1.

4. Il est vrai qu'on excite la sensibilité en peignant les passions; mais on ne peut pas faire de cette peinture une des fins de l'Eloquence : elle n'est qu'un moyen. Fénelon se fait ici la même illusion qu'il reproche plus haut (p. 8) à ceux qui disent que l'Eloquence a pour but de plaire, aussi bien que de persuader. *Docere, delectare, movere,* telle est la définition de l'Eloquence, donnée par Cicéron et S. Augustin, et devenue vulgaire; elle est en somme plus exacte que celle que Fénelon a voulu y substituer, par un entraînement de son imagination qui lui a fait prendre pour un des devoirs essentiels de l'orateur un accessoire important où il excellait lui-même. Ne pouvait-il réduire l'Eloquence à ces deux objets qu'il a si bien marqués dans le commencement de ce dialogue, *convaincre* et *persuader?*

vive et si sensible, que l'auditeur s'imagine presque les voir[1]. Par exemple, un froid historien qui raconteroit la mort de Didon, se contenteroit de dire : Elle fut si accablée de douleur après le départ d'Énée, qu'elle ne put supporter la vie ; elle monta au haut de son palais, elle se mit sur un bûcher, et se tua elle-même. En écoutant ces paroles, vous apprenez le fait, mais vous ne le voyez pas. Écoutez Virgile[2], il le mettra devant vos yeux. N'est-il pas vrai que quand il ramasse toutes les circonstances de ce désespoir, qu'il vous montre Didon furieuse, avec un visage où la mort est déjà peinte, qu'il la fait parler à la vue de ce portrait et de cette épée, votre imagination vous transporte à Carthage : vous croyez voir la flotte des Troyens qui fuit le rivage, et la Reine que rien n'est capable de consoler : vous entrez dans tous les sentiments qu'eurent alors les véritables spectateurs. Ce n'est plus Virgile que vous écoutez ; vous êtes trop attentif aux dernières paroles de la malheureuse Didon, pour penser à lui. Le poète disparoît ; on ne voit plus que ce qu'il fait voir, on n'entend plus que ceux qu'il fait parler. Voilà la force de l'imitation et de la peinture. De là vient qu'un peintre et un poète ont tant de rapport ; l'un peint pour les yeux, l'autre pour les oreilles : l'un et l'autre doivent porter les objets dans l'imagination des hommes. Je vous ai cité un exemple tiré d'un poète, pour vous faire mieux entendre la chose ; car la peinture est encore plus vive et plus forte dans les poètes que dans les orateurs[3]. La Poésie ne diffère de la simple Éloquence, qu'en ce

1. V. Quintilien, VIII, III, 61-71.
2. *Énéide*, l. IV, v. 504 et suivants.
3. A vrai dire, ce n'est qu'à la Poésie qu'on doit attribuer la *peinture* comme un élément essentiel : pour l'Éloquence, ce que Fénelon appelle les *peintures de la prose*, propres à *échauffer l'imagination de l'auditeur*, n'est, dans la juste mesure, qu'une des parties de l'élocution. Mais Fénelon n'a pu s'empêcher en ceci, comme en tout, de donner trop à l'imagination ; un certain goût de poésie naïve et riante était sa chimère, qu'il poursuivait jusque dans la chaire chrétienne : plus loin (p. 134), il demande à son prédicateur idéal le génie poétique. De là cette prétention qu'il n'y a qu'une légère

qu'elle peint avec enthousiasme et par des traits plus hardis. La prose a ses peintures, quoique plus modérées ; sans ces peintures on ne peut échauffer l'imagination de l'auditeur, ni exciter ses passions. Un récit simple ne peut émouvoir : il faut non seulement instruire les auditeurs des faits, mais les leur rendre sensibles, et frapper leurs sens par une représentation parfaite de la manière touchante dont ils sont arrivés.

C. Je n'avois jamais compris tout cela. Je vois bien maintenant que ce que vous appelez peinture est essentiel à l'Éloquence ; mais vous me feriez croire qu'il n'y a point d'éloquence sans poésie.

A. Vous pouvez le croire hardiment[1]. Il en faut retrancher la versification, c'est-à-dire, le nombre réglé de certaines syllabes, dans lequel le poète renferme ses pensées. Le vulgaire ignorant s'imagine que c'est là la Poésie[2]. On croit être poète quand on a parlé ou écrit en mesurant ses paroles. Au contraire bien des gens font des vers sans poésie, et beaucoup d'autres sont pleins de poésie, sans faire de vers : laissons donc la versification. Pour tout le reste, la Poésie n'est autre chose qu'une fiction vive qui peint la nature[3]. Si on

différence entre l'Éloquence et la Poésie : idée étroite et fausse, qui le conduit à soutenir que dans l'Éloquence *un récit simple ne peut émouvoir*. A la suite de Fénelon, Vauvenargues, tout philosophe et homme de goût qu'il était, est tombé dans la même erreur sur la Poésie (voyez ses OEuvres posthumes, 1821, p. 63 et 110). Cette question difficile a été très-bien éclaircie par M. Havet, dans l'*Étude sur la Rhétorique d'Aristote*, p. 95-100.

1. Proposition très-hasardée, et dont la forme tranchante contraste avec le ton généralement mesuré de ces Dialogues. Il est vrai que tous les arts ont entre eux de nombreux rapports, mais il y a encore plus de différences qui les séparent. L'Éloquence sait se passer de poésie, témoin Démosthène ; et la Poésie peut être éloquente sans avoir rien d'oratoire. On voit trop où Fénelon en veut venir dans ce passage subtil et presque sophistique ; il parle pour lui. Le futur auteur du *Télémaque*, le créateur de la *prose poétique*, s'efforce de faire rentrer la Poésie dans l'Éloquence, en faisant bon marché de la versification, et en affectant de voir de la poésie partout. Mais on ne peut pas plus séparer la Poésie de la versification que la Musique de la mélodie, ou la Peinture de la couleur. C'est avilir et perdre un art que de le transporter sans cesse hors de son champ habituel.

2. Dans l'édition de 1718, *que c'est-là Poésie*.

3. Voilà toute la Poésie réduite à de l'imagination et à de l'expression ;

n'a ce génie de peindre, jamais on n'imprime les choses dans l'ame de l'auditeur : tout est sec, languissant et ennuyeux. Depuis le péché originel, l'homme est tout enfoncé dans les choses sensibles; c'est là son grand mal : il ne peut être long-temps attentif à ce qui est abstrait. Il faut donner du corps à toutes les instructions qu'on veut insinuer dans son esprit : il faut des images qui l'arrêtent. De là vient que sitôt après la chûte du genre humain, la poésie et l'idolatrie, toujours jointes ensemble, firent toute la religion des anciens [1]. Mais ne nous écartons pas. Vous voyez bien que la Poésie, c'est-à-dire, la vive peinture des choses, est comme l'ame de l'Éloquence.

C. Mais si les vrais orateurs sont poètes, il me semble aussi que les poètes sont orateurs, car la Poésie est propre à persuader.

A. Sans doute, ils ont le même but. Toute la différence consiste en ce que je vous ai dit : les poètes ont au-dessus des orateurs l'enthousiasme, qui les rend même plus élevés, plus vifs et plus hardis dans leurs expressions. Vous vous souvenez bien de ce que je vous ai rapporté tantôt de Cicéron.

C. Quoi? N'est-ce pas...

A. Que l'Orateur doit avoir la diction presque des poètes [2]; ce presque dit tout.

C. Je l'entends bien à cette heure; tout cela se débrouille dans mon esprit. Mais revenons à ce que vous nous avez promis [3].

on a beau dire après cela qu'elle est l'ame de l'Éloquence : ce n'est pas là relever la Poésie, mais plutôt la sacrifier en la couronnant de fleurs.

1. Comparez Rollin, *Traité des Études*, l. I, ch. I, art. II.

2. *Verba prope poetarum* (voy. la note 1 de la p. 42). Ce mot ne dit pas pourtant que la Poésie est *comme l'ame de l'Éloquence*, et que l'Éloquence et la Poésie ne sont qu'une même chose, sauf les différences de style et de forme. Cicéron est si loin de l'entendre ainsi, lui qui cependant était poète, que dans l'*Orator* (c. XX) il distingue avec soin l'Éloquence de la Poésie, et bornant ce qu'elles ont de commun au goût et au choix des expressions (*judicium electioque verborum*), il reconnait qu'elles se ressemblent peu pour tout le reste (*ceterarum rerum dissimilitudo intelligi potest*).

3. C'est-à-dire, à l'explication de ce qu'il faut entendre par *jeux d'esprit*. Le

A. Vous le comprendrez bientôt. A quoi peut servir dans un discours tout ce qui ne sert point à une de ces trois choses, la preuve, la peinture et le mouvement?

C. Il servira à plaire [1].

A. Distinguons, s'il vous plaît. Ce qui sert à plaire pour persuader est bon ; les preuves solides et bien expliquées plaisent sans doute. Ces mouvements vifs et naturels de l'Orateur ont beaucoup de graces ; les peintures fidèles et animées charment. Ainsi les trois choses que nous admettons dans l'Éloquence plaisent ; mais elles ne se bornent pas à plaire. Il est question de savoir si nous approuverons les pensées et les expressions qui ne vont qu'à plaire, et qui ne peuvent point avoir d'effet plus solide ; c'est ce que j'appelle jeu d'esprit. Souvenez-vous donc bien, s'il vous plaît, toujours que je loue toutes les graces du discours qui servent à la persuasion ; je ne rejette que celles où l'auteur [2] amoureux de lui-même a voulu se peindre, et amuser l'auditeur par son bel esprit, au lieu de le remplir uniquement de son sujet. Aussi je crois qu'il faut condamner non seulement tous les jeux de mots, car ils n'ont rien que de froid et de puéril, mais encore tous les jeux de pensées, c'est-à-dire, toutes celles qui ne servent qu'à briller, puisqu'elles n'ont rien de solide et de convenable à la persuasion.

C. J'y consentirois volontiers. Mais n'ôteriez-vous pas par cette sévérité les principaux ornements du discours ?

A. Ne trouvez-vous pas que Virgile et Homère sont

---

détour a été long, et on ne peut louer Fénelon de l'avoir fait, pour n'établir qu'une théorie douteuse, èt où l'on ne retrouve plus guère la précision et la justesse qui distinguent le commencement de ce dialogue. Tout ce qu'il ajoute d'ailleurs sur les jeux de mots et les jeux de pensées est excellent, et était fort utile à dire à cette époque.

1. Cet emploi du pronom *il* n'est pas régulier ; on mettrait aujourd'hui, *cela servira...* De même, p. 58, *il perdroit sa force.* Sur cette construction, voyez une note dans le *Télémaque* de l'édit. de Lefèvre, t. I, p. 99.

2. Dans l'édition de 1824, *l'orateur.*

des auteurs assez agréables? croyez-vous qu'il y en ait de plus délicieux? Vous n'y trouverez pourtant pas ce qu'on appelle des jeux d'esprit. Ce sont des choses simples, la nature se montre partout, partout l'art se cache soigneusement. Vous n'y trouvez pas un seul mot qui paroisse mis pour faire honneur au bel esprit du poète. Il met toute sa gloire à ne point paroître, pour vous occuper des choses qu'il peint, comme un peintre songe à vous mettre devant les yeux les forêts, les montagnes, les rivières, les lointains, les bâtiments, les hommes, leurs aventures, leurs actions, leurs passions différentes, sans que vous puissiez remarquer les coups du pinceau; l'art est grossier et méprisable dès qu'il paroît. Platon, qui avoit examiné tout cela beaucoup mieux que la plupart des orateurs, assure qu'en écrivant on doit toujours se cacher, se faire oublier, et ne produire que les choses et les personnes qu'on veut mettre devant les yeux du lecteur [1]. Voyez combien ces anciens-là avoient des idées plus hautes et plus solides que nous.

B. Vous nous avez assez parlé de la peinture, dites-nous quelque chose des mouvements : à quoi servent-ils?

A. A en imprimer dans l'esprit de l'auditeur qui soient conformes au dessein de celui qui parle.

B. Mais ces mouvements, en quoi les faites-vous consister?

A. Dans les paroles, et dans les actions du corps.

B. Quel mouvement peut-il y avoir dans les paroles?

A. Vous allez le voir. Cicéron rapporte que les ennemis mêmes de Gracchus ne purent s'empêcher de pleurer, lorsqu'il prononça ces paroles : *Misérable! où irai-je? Quel asile me reste-t-il? Le Capitole? il est inondé du sang de mon frère. Ma maison? j'y verrois*

---

1. Voyez le IIIe livre de la *République*, p. 392-4 (édit. de H. Estienne); t. IX de la trad. française, p. 139 et suiv

une malheureuse mère fondre en larmes et mourir de douleur [1]. Voilà des mouvements. Si on disoit cela avec tranquillité, il perdroit sa force [2].

B. Le croyez-vous ?

A. Vous le croirez aussi bien que moi, si vous l'essayez. Voyons-le. *Je ne sais où aller dans mon malheur; il ne me reste aucun asile. Le Capitole est le lieu où l'on a répandu le sang de mon frère; ma maison est un lieu où je verrois ma mère pleurer de douleur.* C'est la même chose : qu'est devenue cette vivacité? où sont ces paroles coupées, qui marquent si bien la nature dans les transports de la douleur? La manière de dire les choses fait voir la manière dont on les sent, et c'est ce qui touche davantage l'auditeur. Dans ces endroits-là, non seulement il ne faut point de pensées [3], mais on en doit retrancher l'ordre et les liaisons. Sans cela la passion n'est plus vraisemblable, et rien n'est si choquant qu'une passion exprimée avec pompe, et par des périodes réglées. Sur cet article, je vous renvoie à Longin [4] : vous y verrez des exemples de Démosthène qui sont merveilleux.

B. J'entends tout cela : mais vous nous avez fait espérer l'explication de l'action du corps, je ne vous en tiens pas quitte.

A. Je ne prétends pas faire ici toute une Rhétorique,

---

1. « *Quo me miser conferam? quo vertam? In Capitoliumne? at fratris sanguine redundat. An domum? matremne ut miseram lamentantemque videam et abjectam?* Quæ sic ab illo acta esse coustabat, oculis, voce, gestu, inimici ut lacrimas tenere non possent. » *De Orat.* III, LVI.

2. Voy. p. 56, note 1, et p. 72.

3. C'est-à-dire, de jeux d'esprit et de tours raffinés; en italien, *pensieri, concetti* (comp. p. 74 et 136). Le mot latin *sententiæ* a quelquefois ce sens : « Consuetudo jam tenuit, dit Quintilien, ut mente concepta *sensus* vocaremus; lumina autem, præcipueque in clausulis posita, *sententias* : quæ minus crebra apud antiquos, nostris temporibus modo carent (*Inst. Or.* VIII, v, 2). » Voyez Rollin, *Tr. des Etudes*, l. III, ch. III, art. II, *Des Pensées brillantes*, et comparez les recueils du P. Bouhours, intitulés : *Manière de bien penser dans les ouvrages d'esprit* (1687), et *Pensées ingénieuses des anciens et des modernes* (1689), ouvrages alors fort en vogue, mais que Fénelon devait peu goûter.

4. *Du Sublime*, sect. XVIII; ch. XVI de la traduction.

je n'en suis pas même capable; je vous dirai seulement
quelques remarques que j'ai faites. L'action des Grecs et
des Romains étoit bien plus violente que la nôtre : nous
le voyons dans Cicéron [1] et dans Quintilien [2]; ils bat-
toient du pied, ils se frappoient même le front. Cicéron
nous représente un orateur qui se jette sur la partie
qu'il défend [3], et qui déchire ses habits pour montrer
aux juges les plaies qu'il avoit reçues au service de la
république. Voilà une action véhémente; mais cette
action est réservée pour des choses extraordinaires. Il
ne parle point d'un geste continuel; en effet, il n'est
point naturel de remuer toujours les bras en parlant :
il faut remuer les bras, parce qu'on est animé; mais il
ne faudroit pas, pour paroître animé, remuer les bras.
Il y a des choses même qu'il faudroit dire tranquillement sans se remuer.

B. Quoi! vous voudriez qu'un prédicateur, par exemple, ne fît point de geste en quelques occasions [4]? cela
paroîtroit bien extraordinaire.

A. J'avoue qu'on a mis en règle, ou du moins en coutume, qu'un prédicateur doit s'agiter sur tout ce qu'il
dit presque indifféremment; mais il est bien aisé de
montrer que souvent nos prédicateurs s'agitent trop,
et que souvent aussi ils ne s'agitent pas assez.

B. Ha! je vous prie de m'expliquer cela; car j'avois
toujours cru, sur l'exemple de *** [5], qu'il n'y avoit que
deux ou trois sortes de mouvements de mains à faire
dans tout un sermon.

---

1. *De Oratore*, III, LIX; *ad Herennium*, III, XV.

2. *Inst. Or.* XI, III, 65 et suiv.

3. L'orateur Antoine, dans la défense de M'. Aquillius. Voyez Cicéron,
de Orat. II, XXVIII et XLVII; *in Verrem, de Suppliciis*, c. I.

4. Tournure un peu équivoque, pour dire, *en de certaines occasions ne
fît aucun geste.* — Le mot *geste* est ici au singulier par imitation du latin;
on mettrait aujourd'hui le pluriel, comme à la p. 60 : *naturellement fait-
on beaucoup de gestes,* etc.

5. Dans l'édition de 1787, *de N...* — Ce nom en blanc est peut-être celui
de Bourdaloue.

A. Venons au principe. A quoi sert l'action du corps? n'est-ce pas à exprimer les sentiments et les passions qui occupent l'ame?

B. Je le crois.

A. Le mouvement du corps est donc une peinture des pensées de l'ame[1].

B. Oui.

A. Et cette peinture doit être ressemblante. Il faut que tout y représente vivement et naturellement les sentiments de celui qui parle, et la nature des choses qu'il dit. Je sais bien qu'il ne faut pas aller jusqu'à une représentation basse et comique[2].

B. Il me semble que vous avez raison , et je vois déjà votre pensée. Permettez-moi de vous interrompre, pour vous montrer combien j'entre dans toutes les conséquences de vos principes. Vous voulez que l'Orateur exprime par une action vive et naturelle ce que ses paroles seules n'exprimeroient que d'une manière languissante. Ainsi , selon vous, l'action même est une peinture.

A. Sans doute. Mais voici ce qu'il en faut conclure : c'est que pour bien peindre il faut imiter la nature, et voir ce qu'elle fait quand on la laisse faire, et que l'art ne la contraint pas.

B. J'en conviens.

A. Voyons donc. Naturellement fait-on beaucoup de gestes, quand on dit des choses simples , et où nulle passion n'est mêlée?

B. Non.

A. Il faudroit donc n'en faire point en ces occasions dans les discours publics, ou en faire très-peu ; car il faut que tout y suive la nature. Bien plus, il y a des

1. « Est actio quasi sermo corporis : quo magis menti congruens esse debet. » *De Orat.* III, LIX.

2. « Convenit in gestu nec venustatem conspicuam, nec turpitudinem esse, ne aut histriones aut operarii videamur esse. » *Ad Herenn.* III, XV.

choses où l'on exprimeroit mieux ses pensées par une cessation de tout mouvement. Un homme plein d'un grand sentiment demeure un moment immobile; cette espèce de saisissement[1] tient en suspens l'ame de tous les auditeurs.

B. Je comprends que ces suspensions bien employées seroient belles, et puissantes pour toucher l'auditeur; mais il me semble que vous réduisez celui qui parle en public à ne faire pour le geste que ce que feroit un homme qui parleroit en particulier.

A. Pardonnez-moi : la vue d'une grande assemblée, et l'importance du sujet qu'on traite, doit[2] sans doute animer beaucoup plus un homme que s'il étoit dans une simple conversation : mais en public comme en particulier il faut qu'il agisse toujours naturellement ; il faut que son corps ait du mouvement quand ses paroles en ont, et que son corps demeure tranquille, quand ses paroles n'ont rien que de doux et de simple. Rien ne me semble si choquant et si absurde que de voir un homme qui se tourmente pour me dire des choses froides : pendant qu'il sue il me glace le sang. Il y a quelque temps que je m'endormis à un sermon. Vous savez que le sommeil surprend aux sermons de l'après-midi[3]:

---

1. Mot très-expressif, pour marquer une émotion profonde, une impression violente ou de surprise, ou d'effroi, ou de douleur. Massillon, dans le Sermon sur la Mort du Pécheur, 1re partie : « Il entre dans des *saisissements*, où l'on ignore si c'est le corps qui se dissout, ou l'ame qui sent l'approche de son juge. » Fléchier, dans l'exorde de l'Oraison funèbre de Turenne : « Ils furent quelque temps *saisis*, muets, immobiles. » Et de même dans le style familier ; Racine, *Épigramme contre Boyer* :

> Le beau vous touche, et ne seriez d'humeur
> A vous *saisir* pour une baliverne.

2. Dans les éditions de 1787 et de 1824, *doivent.* Voyez p. 9, note 1.

3. Le sermon était alors peu après l'heure du diner. On lit dans une lettre de La Fontaine (*OEuvres*, édit. de 1827, t. VI, p. 500) :

> « On tint ces discours : on fit plus,
> On fut au sermon après boire.

Je crains que ce dernier vers ne vous semble pas assez sérieux... Pour rectifier cet endroit, je vous dirai en langue vulgaire que nous allâmes au sermon l'après-dinée ; que nous y portâmes tout le sang-froid qu'auroient eu des philosophes à jeun, et que même nous accourcimes notre repas, pour ne rien perdre de cette action. »

aussi ne prêchoit-on anciennement que le matin à la messe, après l'évangile. Je m'éveillai bientôt, et j'entendis le prédicateur qui s'agitoit extraordinairement ; je crus que c'étoit le fort de sa morale.

B. Hé bien ! qu'étoit-ce donc ?

A. C'est qu'il avertissoit ses auditeurs que le dimanche suivant il prêcheroit sur la Pénitence. Cet avertissement fait avec tant de violence me surprit, et m'auroit fait rire, si le respect du lieu et de l'action [1] ne m'eût retenu. La plupart de ces déclamateurs sont pour le geste comme pour la voix : leur voix a une monotonie perpétuelle, et leur geste une uniformité qui n'est ni moins ennuyeuse, ni moins éloignée de la nature, ni moins contraire au fruit qu'on pourroit attendre de l'action [2].

B. Vous dites qu'ils n'en ont pas assez quelquefois.

A. Faut-il s'en étonner ? Ils ne discernent point les choses où il faut s'animer ; ils s'épuisent sur des choses communes, et sont réduits à dire foiblement celles qui demanderoient une action véhémente. Il faut avouer même que notre nation n'est guère capable de cette véhémence : on est trop léger, et on ne conçoit pas assez fortement les choses. Les Romains, et encore plus les Grecs, étoient admirables en ce genre ; les Orientaux y ont excellé, particulièrement les Hébreux. Rien n'égale la vivacité et la force, non seulement des figures qu'ils employoient dans leurs discours, mais encore des actions qu'ils faisoient pour exprimer leurs sentiments, comme de mettre de la cendre sur leurs têtes, de déchirer leurs habits, et de se couvrir de sacs dans la douleur [3]. Je ne parle point des choses que les Prophètes faisoient pour figurer plus vivement les choses qu'ils

---

1. C'est-à-dire, du discours, du sermon, comme à la p. 42 (note 6), et dans la phrase de La Fontaine citée à la note précédente.

2. Il s'agit ici de l'action oratoire, du geste animé et pathétique.

3. Dans le Livre d'Esther, ch. IV, v. 1 : « Quæ quum audisset Mardochæus,

vouloient prédire, à cause qu'elles étoient inspirées de Dieu. Mais les inspirations divines à part, nous voyons que ces gens-là[1] s'entendoient bien autrement que nous à exprimer leur douleur, leur crainte et leurs autres passions. De là venoient sans doute ces grands effets de l'Éloquence que nous ne voyons plus.

B. Vous voudriez donc beaucoup d'inégalité[2] dans la voix et dans le geste.

A. C'est là ce qui rend l'action si puissante[3], et qui la faisoit mettre par Démosthène au-dessus de tout. Plus l'action et la voix[4] paroissent simples et familières dans les endroits où l'on ne fait qu'instruire, que raconter, que s'insinuer, plus préparent-elles[5] de surprises[6] et d'émotion pour les endroits où elles s'éleveront à un enthousiasme soudain. C'est une espèce de musique[7] : toute la beauté consiste dans la variété des tons, qui haussent ou qui baissent selon les choses qu'ils doivent exprimer.

B. Mais, si l'on vous en croit, nos principaux orateurs mêmes sont bien éloignés du véritable art. Le prédicateur[8] que nous entendîmes ensemble il y a quinze

---

scidit vestimenta sua, et indutus est sacco, spargens cinerem capiti. » Racine, *Esther*, a. I, sc. III :

> Mais d'où vient cet air sombre, et ce cilice affreux,
> Et cette cendre enfin qui couvre vos cheveux ?

Sur cet usage, voy. Fleury, *Mœurs des Israélites*, IIe partie, n. XIV.

1. C'est-à-dire, les Hébreux en général.

2. *Inégalité* pour *variété*. Voyez p. 87, note 2.

3. « Actio in dicendo una dominatur : sine hac summus orator esse in numero nullo potest; mediocris, hac instructus, summos sæpe superare. Huic primas dedisse Demosthenes dicitur, quum rogaretur quid in dicendo esset primum, huic secundas, huic tertias. » CICÉRON, *de Orat.* III, LVI.

4. Le geste et la voix sont les deux parties de ce que les Latins appellent *pronuntiatio*, le débit oratoire. V. Cicéron, *ad Herenn.* III, XI-XIV; *de Orat.* III, LVI-LX; Quintilien, XI, III.

5. On dirait aujourd'hui, *plus elles préparent.* Voyez une tournure semblable dans la *Lettre à l'Académie*, p. 56 (note 1).

6. Dans les éditions de 1787 et de 1824, *surprise.*

7. « Omnes voces, ut nervi in fidibus, ita sonant, ut a motu animi quoque sunt pulsæ. Nam voces ut chordæ sunt intentæ, quæ ad quemque tactum respondeant : acuta, gravis; cita, tarda; magna, parva; quas tamen inter omnes est sua quæque in genere mediocris; etc. » CICÉR. *de Orat.* III, LVII.

8. On croit que Fénelon a voulu désigner Bourdaloue.

jours ne suit pas cette règle ; il ne paroît pas même s'en mettre en peine. Excepté les trente premières paroles, il dit tout d'un même ton ; et toute la différence qu'il y a entre les endroits où il veut s'animer, et ceux où il ne le veut pas, c'est que dans les premiers il parle encore plus rapidement qu'à l'ordinaire.

A. Pardonnez-moi, Monsieur, sa voix a deux tons ; mais ils ne sont guères proportionnés à ses paroles. Vous avez raison de dire qu'il ne s'attache point à ces règles ; je crois qu'il n'en a pas même senti le besoin. Sa voix est naturellement mélodieuse : quoique très-mal ménagée, elle ne laisse pas de plaire ; mais vous voyez bien qu'elle ne fait dans l'ame aucune des impressions touchantes qu'elle feroit, si elle avoit toutes les inflexions qui expriment les sentiments. Ce sont de belles cloches dont le son est clair, plein, doux et agréable ; mais après tout des cloches qui ne signifient rien[1], qui n'ont point de variété, ni par conséquent d'harmonie et d'éloquence.

B. Mais cette rapidité de discours a pourtant beaucoup de graces.

A. Elle en a sans doute, et je conviens que dans certains endroits vifs il faut parler plus vite ; mais parler avec précipitation et ne pouvoir se retenir, est un grand défaut. Il y a des choses qu'il faut appuyer. Il en est de l'action et de la voix comme des vers ; il faut quelquefois une mesure lente et grave, qui peigne les choses de ce caractère, comme il faut quelquefois une mesure courte et impétueuse pour signifier ce qui est vif et ardent. Se servir toujours de la même action et de la même mesure de voix, c'est comme qui donneroit le même remède à toutes sortes de malades[2]. Mais il faut pardonner à ce prédicateur l'uniformité de voix et d'ac-

---

1. C'est-à-dire, qui ne marquent rien, comme un peu après, *pour signifier ce qui est vif et ardent*, et p. 80, *ils* (les fredons) *ne signifient rien.*

2. Comparaison un peu forcée.

tion ; car, outre qu'il a d'ailleurs des qualités très-estimables, de plus ce défaut lui est nécessaire. N'avons-nous pas dit qu'il faut que l'action de la voix accompagne toujours les paroles? Son style est tout uni, il n'a aucune variété; d'un côté, rien de familier, d'insinuant et de populaire; de l'autre, rien de vif, de figuré et de sublime : c'est un cours réglé[1] de paroles qui se pressent les unes les autres; ce sont des déductions exactes, des raisonnements bien suivis et concluants, des portraits fidèles[2] : en un mot, c'est un homme qui parle en termes propres, et qui dit des choses très-sensées. Il faut même reconnoître que la Chaire lui a de grandes obligations ; il l'a tirée de la servitude des déclamateurs, et il l'a remplie avec beaucoup de force[3] et de dignité. Il est très-capable de convaincre; mais je ne connois guère de prédicateur qui persuade et qui touche moins. Si vous y prenez garde, il n'est pas même fort instruit[4]; car, outre qu'il n'a aucune manière insinuante et familière, ainsi que nous l'avons déjà remarqué ailleurs, il n'a rien d'affectueux, de sensible; ce sont des rai-

---

1. On dirait aujourd'hui, *un cours régulier.* Voyez p. 22 (note 1).

2. Voyez p. 109, note 2.

3. Mme de Sévigné écrit à Mme de Grignan, le 5 février 1674 : « Le Père Bourdaloue fit un sermon le jour de Notre-Dame (*la Purification*), qui transporta tout le monde ; il étoit d'une force à faire trembler les courtisans, et jamais prédicateur évangélique n'a prêché si hautement ni si généreusement les vérités chrétiennes : il étoit question de faire voir que toute puissance doit être soumise à la loi, à l'exemple de Notre-Seigneur, qui fut présenté au temple; enfin, ma fille, cela fut porté au point de la plus haute perfection, et certains endroits furent poussés comme les auroit poussés l'apôtre S. Paul. »

4. Ainsi porte l'édition de 1718, et de même celle de 1787. Les éditeurs modernes ont mis à la place, *fort adroit,* sans doute parce que l'autre expression les embarrassait. Rien cependant n'est plus simple : Fénelon veut dire que cet orateur, auquel il reproche de n'offrir que des raisonnements, n'est pas assez pourvu d'une science des faits et des doctrines de la Religion qui rendrait ses discours plus solides et plus instructifs. C'est en effet ce que Fénelon demande surtout, et ce qu'il se plaint souvent de ne pas trouver dans les prédicateurs; ainsi, p. 74 : « La plupart n'ont pas assez de fonds de doctrine pour se fier à eux-mêmes. » P. 80 : « La plupart des prédicateurs n'instruisent pas assez... » P. 89 : « La plus essentielle qualité d'un prédicateur est d'être instructif; mais il faut être bien instruit pour instruire les autres. » Et de même en plusieurs endroits, soit de ces *Dialogues,* soit de la *Lettre à l'Académie.* On trouve les mêmes idées dans le Discours de Fleury *sur la Prédication.*

sonnements qui demandent de la contention d'esprit.
Il ne reste presque rien de tout ce qu'il a dit dans la
tête de ceux qui l'ont écouté : c'est un torrent qui a
passé tout d'un coup, et qui laisse son lit à sec. Pour
faire une impression durable, il faut aider les esprits,
en touchant les passions : les instructions sèches ne
peuvent guère réussir. Mais ce que je trouve le moins
naturel en ce prédicateur, est qu'il donne à ses bras un
mouvement continuel, pendant qu'il n'y a ni mouvement ni figure dans ses paroles. A un tel style il faudroit
une action commune de conversation ; ou bien il faudroit à cette action impétueuse un style plein de saillies
et de véhémence ; encore faudroit-il, comme nous
l'avons dit, ménager mieux cette véhémence, et la
rendre moins uniforme. Je conclus que c'est un grand
homme[1] qui n'est point orateur. Un missionnaire de
village qui sait effrayer et faire couler les larmes frappe
bien plus au but de l'Éloquence.

B. Mais quel moyen de connoître en détail les gestes
et les inflexions de voix conformes à la nature ?

A. Je vous l'ai déjà dit : tout l'art des bons orateurs
ne consiste qu'à observer ce que la nature fait quand
elle n'est point retenue. Ne faites point comme ces mauvais orateurs, qui veulent toujours déclamer et ne
jamais parler à leurs auditeurs : il faut au contraire
que chacun de vos auditeurs s'imagine que vous parlez
à lui en particulier. Voilà à quoi servent les tons naturels, familiers et insinuants. Il faut à la vérité qu'ils

---

1. Cette expression indique assez que Fénelon a voulu parler de l'un
des principaux orateurs de son temps, et la plupart des traits s'appliquent
bien à Bourdaloue. La sévérité de quelques détails et de la conclusion, dans
ce jugement, est justifiée par la différence des principes que Fénelon portait
dans la prédication, surtout quant à la question des discours écrits d'avance
et récités de mémoire. En outre, Bourdaloue avait une réputation extraordinaire, qui éclipsait déjà celle de tous les orateurs contemporains, sans
excepter Bossuet. Il est loué avec moins de restriction dans le *Mémoire sur
les occupations de l'Académie* (IIe partie) : mais encore est-ce principalement pour son style ; d'ailleurs, en 1714, Bourdaloue était mort depuis dix
ans, et Fénelon était alors plus favorable aux Jésuites qu'à l'époque présu-
mée de la composition des Dialogues.

soient toujours graves et modestes; il faut même qu'ils deviennent puissants et pathétiques dans les endroits où le discours s'élève et s'échauffe. N'espérez pas exprimer les passions par le seul effort de la voix ; beaucoup de gens, en criant et en s'agitant, ne font qu'étourdir. Pour réussir à peindre les passions, il faut étudier les mouvements qu'elles inspirent. Par exemple, remarquez ce que font les yeux, ce que font les mains, ce que fait tout le corps, et quelle est sa posture; ce que fait la voix d'un homme, quand il est pénétré de douleur, ou surpris à la vue d'un objet étonnant. Voilà la nature qui se montre à vous, vous n'avez qu'à la suivre. Si vous employez l'art, cachez-le si bien par l'imitation, qu'on le prenne pour la nature même[1]. Mais à dire le vrai, il en est des orateurs comme des poètes qui font des élégies ou d'autres vers passionnés. Il faut sentir la passion pour la bien peindre[2]; l'art, quelque grand qu'il soit, ne parle point comme la passion véritable. Ainsi vous serez toujours un orateur très-imparfait, si vous n'êtes pénétré des sentiments que vous voulez peindre et inspirer aux autres; et ce n'est pas par spiritualité que je dis ceci, je ne parle qu'en orateur.

B. Je comprends cela : mais vous nous avez parlé des yeux : ont-ils leur éloquence?

A. N'en doutez pas. Cicéron et tous les autres anciens l'assurent[3]. Rien ne parle tant que le visage, il

---

1. Τότε γὰρ ἡ τέχνη τέλειος, ἡνίκ' ἂν φύσις εἶναι δοκῇ· ἡ δ' αὖ φύσις ἐπιτυχής, ὅταν λανθάνουσαν περιέχῃ τὴν τέχνην. LONGIN, *du Sublime*, sect. XXII.

2. Souvenir des vers de Boileau sur l'Élégie :

> Mais pour bien exprimer ses caprices heureux,
> C'est peu d'être poète, il faut être amoureux ...
> Il faut que le cœur seul parle dans l'Élégie.

Voir un beau morceau sur le même précepte dans Cicéron, *de Oratore*, II, XLV.

3. V. Cicéron, *de Orat.* III, LIX ; Quintilien, XI, III, 75. « L'œil, dit Buffon, appartient à l'âme plus qu'aucun autre organe : il semble y toucher et participer à tous ses mouvements: il en exprime les passions les plus vives et les émotions les plus tumultueuses, comme les mouvements les plus doux

exprime tout ; mais dans le visage les yeux font le principal effet ; un seul regard jeté bien à propos pénètre dans le fond des cœurs.

B. Vous me faites souvenir que le prédicateur dont nous parlions a d'ordinaire les yeux fermés, quand on le regarde de près, cela choque.

A. C'est qu'on sent qu'il lui manque une des choses qui devroient animer son discours.

B. Mais pourquoi le fait-il?

A. Il se hâte de prononcer, et il ferme les yeux, parce que sa mémoire travaille trop.

B. J'ai bien remarqué qu'elle est fort chargée : quelquefois même il reprend plusieurs mots pour retrouver le fil du discours ; ces reprises sont désagréables, et sentent l'écolier qui sait mal sa leçon : elles feroient tort à un moindre prédicateur.

A. Ce n'est pas la faute du prédicateur, c'est la faute de la méthode qu'il a suivie après tant d'autres. Tant qu'on prêchera par cœur[1] et souvent, on tombera dans cet embarras.

B. Comment donc? voudriez-vous qu'on ne prêchât point par cœur? Jamais on ne feroit des discours pleins de force et de justesse.

A. Je ne voudrois pas empêcher les prédicateurs d'apprendre par cœur certains discours extraordinaires : ils auroient assez de temps pour bien se préparer à ceux-là ; encore pourroient-ils s'en passer.

B. Comment cela? Ce que vous dites paroît incroyable.

A. Si j'ai tort, je suis prêt à me rétracter : exami-

et les sentiments les plus délicats ; il les rend dans toute leur force, dans toute leur pureté, tels qu'ils viennent de naitre ; il les transmet par des traits rapides, qui portent dans une autre ame le feu, l'action, l'image de celle dont ils partent. »

1. Fénelon aborde ici une grave et importante question, la plus considérable peut-être qu'il ait traitée dans ces Dialogues, celle de savoir s'il vaut mieux réciter par cœur des discours écrits, ou parler d'abondance sur un fonds préparé par la méditation. Il se prononce ouvertement pour cette dernière méthode, contre l'usage invariablement suivi par presque tous les prédicateurs de son temps.

nons cela sans prévention. Quel est le principal but de
l'Orateur? n'avons-nous pas vu que c'est de persuader?
et pour persuader, ne disions-nous pas qu'il faut toucher en excitant les passions?

B. J'en conviens.

A. La manière la plus vive et la plus touchante est
donc la meilleure?

B. Cela est vrai : qu'en concluez-vous?

A. Lequel des deux orateurs peut avoir la manière
la plus vive et la plus touchante, ou celui qui apprend
par cœur, ou celui qui parle sans réciter mot à mot ce
qu'il a appris?

B. Je soutiens que c'est celui qui a appris par cœur.

A. Attendez, posons bien l'état de la question. Je
mets d'un côté un homme qui compose exactement tout
son discours, et qui l'apprend par cœur jusqu'à la moindre syllabe; de l'autre je suppose un homme savant[1],
qui se remplit de son sujet, qui a beaucoup de facilité
de parler (car vous ne voulez pas que les gens sans
talent s'en mêlent); un homme enfin qui médite fortement tous les principes du sujet qu'il doit traiter, et
dans toute leur étendue; qui s'en fait un ordre dans
l'esprit; qui prépare les plus fortes expressions par lesquelles il veut rendre son sujet sensible; qui range
toutes ses preuves; qui prépare un certain nombre de
figures touchantes. Cet homme sait sans doute tout ce
qu'il doit dire, et la place où il doit mettre chaque
chose; il ne lui reste pour l'exécution qu'à trouver les
expressions communes qui doivent faire le corps du

---

1. Si plus haut Fénelon a paru faire le portrait de Bourdaloue, ne peut-on
pas croire qu'il veut ici tracer celui de Bossuet, son maître, son modèle et
son ami, avant la malheureuse affaire du Quiétisme? Il est certain que cette
idée du travail d'un esprit supérieur est parfaitement conforme à ce que
nous savons de Bossuet; et l'on n'ignore pas que la plupart du temps, quand
il avait à prêcher, il n'écrivait rien, que son plan. Son génie et son goût le
portaient naturellement à cette manière grande et libre de parler, et ses
immenses travaux ne lui permettaient point de faire autrement. Il laissa de
bonne heure l'autre genre à ceux qui n'étaient que prédicateurs.

discours. Croyez-vous qu'un tel homme ait de la peine à les trouver?

B. Il ne les trouvera pas si justes et si ornées qu'il les auroit trouvées à loisir dans son cabinet.

A. Je le crois. Mais, selon vous-même, il ne perdra qu'un peu d'ornement; et vous savez ce que nous devons penser de cette perte, selon les principes que nous avons déjà posés. D'un autre côté, que ne gagnera-t-il pas pour la liberté et pour la force de l'action, qui est le principal! supposant qu'il se soit beaucoup exercé à écrire [1], comme Cicéron le demande [2]; qu'il ait lu tous les bons modèles; qu'il ait beaucoup de facilité naturelle et acquise; qu'il ait un fonds [3] abondant de principes et d'érudition; qu'il ait bien médité tout son sujet, qu'il l'ait bien rangé dans sa tête. Nous devons conclure qu'il parlera avec force, avec ordre, avec abondance. Ses périodes n'amuseront pas tant l'oreille; tant mieux, il en sera meilleur orateur. Ses transitions ne seront pas si fines; n'importe : outre qu'il peut les avoir préparées sans les apprendre par cœur, de plus, ces négligences lui seront communes avec les plus éloquents orateurs de l'antiquité, qui ont cru qu'il falloit par là imiter souvent la nature, et ne montrer pas une trop grande préparation. Que lui manquera-t-il donc? Il fera quelque petite répétition, mais elle ne sera pas inutile; non seulement l'auditeur de bon goût prendra plaisir à y reconnoître la nature, qui reprend souvent ce qui la frappe davantage dans un sujet, mais cette répétition imprimera plus fortement les vérités; c'est la véritable manière d'instruire. Tout au plus trouvera-t-on dans son discours quelque construction peu exacte, quelque terme impropre, ou censuré par l'Académie, quelque

---

1. Autre supposition également applicable à Bossuet, que l'étonnante variété de ses connaissances et la diversité de ses emplois avaient mis à même d'écrire, et avec quelle force! sur toute sorte de matières.

2 *De Orat.* I, XXXIII, et III, XLIX. Comp. Quintilien, X, III, 1, et VII, 7.

3. Dans l'édit. de 1718, *fond.* Voy. p. 42, note 2.

chose d'irrégulier, ou, si vous voulez, de foible et de mal placé, qui aura échappé dans la chaleur de l'action[1]. Il faudroit avoir l'esprit bien petit pour croire que ces fautes-là fussent grandes; on en trouvera de cette nature dans les plus excellents originaux. Les plus habiles d'entre les anciens les ont méprisées. Si nous avions d'aussi grandes vues qu'eux, nous ne serions guère occupés de ces minuties[2]. Il n'y a que les gens qui ne sont pas propres à discerner les grandes choses qui s'amusent à celles-là. Pardonnez ma liberté: ce n'est qu'à cause que je vous crois bien différent de ces esprits-là que je vous en parle avec si peu de ménagement.

B. Vous n'avez pas besoin de précaution avec moi : allons jusqu'au bout sans nous arrêter.

A. Considérez donc, Monsieur, en même temps les avantages d'un homme qui n'apprend point par cœur ; il se possède, il parle naturellement, il ne parle point en déclamateur; les choses coulent de source ; ses expressions (si son naturel est riche pour l'Éloquence) sont vives et pleines de mouvement; la chaleur même qui l'anime lui fait trouver des expressions et des figures qu'il n'auroit pu préparer dans son étude[3].

B. Pourquoi? Un homme s'anime dans son cabinet, et peut y composer des discours très-vifs.

A. Cela est vrai, mais l'action y ajoute encore une plus grande vivacité. De plus, ce qu'on trouve dans la chaleur de l'action est tout autrement sensible et natu-

---

1. Ceci encore s'applique exactement à la manière de Bossuet, aussi bien qu'à celle de Fénelon dans ses discours, et même dans la plupart de ses écrits. Peut-être, en écrivant les derniers mots de ce passage, pensait-il à lui-même autant qu'à Bossuet.

2. C'est aller trop loin que d'appeler cela des minuties, et de dire que les anciens les ont méprisées. Loin de là, les plus grands orateurs de l'antiquité ont voulu être en même temps des écrivains purs et châtiés, et ils paraissent avoir poussé plus loin encore que les modernes le travail du style et le soin de l'élocution. Mais ils avaient aussi une langue plus formée, et dès la jeunesse une pratique plus grande de cet art délicat.

3. Le mot *étude* signifie ici cabinet de travail.

rel; il a un air négligé[1], et ne sent point l'art, comme presque toutes les choses composées à loisir. Ajoutez qu'un orateur habile et expérimenté proportionne les choses à l'impression qu'il voit qu'elles font sur l'auditeur; car il remarque fort bien ce qui entre et ce qui n'entre pas dans l'esprit, ce qui attire l'attention, ce qui touche les cœurs, et ce qui ne fait point ces effets. Il reprend les mêmes choses d'une autre manière[2]; il les revêt d'images et de comparaisons plus sensibles; ou bien il remonte aux principes d'où dépendent des vérités qu'il veut persuader; ou bien il tâche de guérir les passions qui empêchent ces vérités de faire impression. Voilà le véritable art d'instruire et de persuader; sans ces moyens on ne fait que des déclamations vagues et infructueuses. Voyez combien l'orateur qui ne parle que par cœur est loin de ce but. Représentez-vous un homme qui n'oseroit dire que sa leçon; tout est nécessairement compassé dans son style, et il lui arrive ce que Denys d'Halicarnasse remarque qui est arrivé à Isocrate : sa composition est meilleure à être lue qu'à être prononcée[3]. D'ailleurs, quoi qu'il fasse, ses inflexions de voix sont uniformes et toujours un peu forcées; ce n'est point un homme qui parle, c'est un orateur qui récite ou qui déclame; son action est contrainte[4]; ses yeux trop arrêtés marquent que sa mémoire travaille, et il ne peut s'abandonner à un mouvement extraordinaire, sans se mettre en danger de perdre le fil de son

---

1. Voy. p. 56, note 1.

2. « Ubi omnes tacent ut audiatur unus, et in eum intenta ora convertunt, ibi ut requirat quisque quod non intellexerit nec moris est nec decoris, ac per hoc debet maxime tacenti subvenire cura dicentis. Solet autem motu suo significare utrum intellexerit cognoscendi avida multitudo : quod donec significet, versandum est quod agitur multimoda varietate dicendi, quod in potestate non habent qui præparata et ad verbum memoriter retenta pronuntiant. Mox autem ut intellectum esse constiterit, aut sermo finiendus, aut in alia transeundum est. » S. AUGUSTIN, *de Doctr. christ.* IV, X, 25. Comparez p. 117, note 1.

3. Ἀναγνώσεως μᾶλλον οἰκειότερός ἐστιν ἢ ῥήσεως. *Jugem. sur Isocrate*, ch. II.

4. Dans l'édit. de 1824, *contraire*, faute d'impression.

discours. L'auditeur voyant l'art si à découvert, bien loin d'être saisi et transporté hors de lui-même, comme il le faudroit, observe froidement tout l'artifice du discours.

B. Mais les anciens orateurs ne faisoient-ils pas ce que vous condamnez?

A. Je crois que non.

B. Quoi! vous croyez que Démosthène et Cicéron ne savoient point par cœur ces harangues si achevées que nous avons d'eux?

A. Nous voyons bien qu'ils les écrivoient; mais nous avons plusieurs raisons de croire qu'ils ne les apprenoient point par cœur mot à mot[1]. Les discours mêmes de Démosthène, tels qu'ils sont sur le papier, marquent bien plus la sublimité et la véhémence d'un grand génie, accoutumé à parler fortement des affaires publiques, que l'exactitude et la politesse d'un homme qui compose[2]. Pour Cicéron, on voit en divers endroits de ses harangues des choses nécessairement imprévues[3]; mais rapportons-nous-en à lui-même sur cette matière.

---

1. A voir le peu qui reste de ces grands orateurs de l'antiquité, si souvent appelés à prendre la parole au barreau ou à la tribune, on est tenté de croire qu'ils n'écrivaient pas d'ordinaire leurs discours, ne fût-ce que par faute de temps, et qu'ils ne mettaient sur le papier que ceux qui avaient été jugés les plus beaux, mais après l'action, et en les corrigeant avec soin, pour les laisser après eux comme des monuments de leur éloquence. D'où il ne s'ensuit pas que pour tout le reste ils ne fissent qu'improviser. Au contraire l'improvisation proprement dite était peut-être plus rare chez les anciens que chez nous; ils avaient à leur usage une foule de procédés et de recettes d'école, avec une abondance de lieux communs qui suppléait beaucoup à la préparation du fond, et qui servait moins à faciliter qu'à simuler l'improvisation. Les sophistes déclamateurs qui vinrent après les orateurs eurent recours bien plus encore à ces pratiques, et y ajoutèrent souvent l'habitude d'écrire d'avance et de réciter. Voyez, sur cette question, M. Villemain, *Tableau du* xviiie *siècle* (édit. de 1847), t. IV, p. 5-10, et M. Havet, *Étude sur la Rhétorique d'Aristote*, p. 117-8.

2. Denys d'Halicarnasse (*de Demosthene*, c. L-LII, et *de Compos. verborum*, sect. XXV) trouve dans les discours écrits de Démosthène une harmonie savante, poétique même, et un grand art de l'arrangement des mots. Luimême, selon Plutarque (*Vie de Démosthène*. c. VIII), disait qu'il ne parlait point de mémoire, mais non tout-à-fait sans écrire, οὔτε γράψας οὔτ' ἄγραφα κομιδῇ λέγειν ὡμολόγει.

3. Qui empêche que Cicéron, en écrivant ses discours, n'ait arrangé après coup des passsages de ce genre, pour faire illusion au lecteur?

Il veut que l'Orateur ait beaucoup de mémoire[1] : il parle
même de la mémoire artificielle comme d'une invention
utile ; mais tout ce qu'il en dit ne marque point que
l'on doive apprendre mot à mot par cœur ; au contraire
il paroît se borner à vouloir qu'on range exactement
dans sa tête toutes les parties de son discours, et que
l'on prémédite les figures et les principales expressions
qu'on doit employer, se réservant d'y ajouter sur-le-
champ ce que le besoin et la vue des objets pourroit
inspirer ; c'est pour cela même qu'il demande tant de
diligence et de présence d'esprit dans l'Orateur.

B. Permettez-moi de vous dire que tout cela ne me
persuade point ; je ne puis croire qu'on parle si bien
quand on parle sans avoir réglé toutes ses paroles.

C. Et moi je comprends bien ce qui vous rend si
incrédule ; c'est que vous jugez de ceci par une expérience commune. Si les gens qui apprennent leurs
sermons par cœur prêchoient sans cette préparation,
ils prêcheroient apparemment fort mal. Je ne m'en
étonne pas, ils ne sont pas accoutumés à suivre la
nature ; ils n'ont songé qu'à apprendre à écrire, et
encore à écrire avec affectation. Jamais ils n'ont songé
à apprendre à parler d'une manière noble, forte et naturelle. D'ailleurs la plupart n'ont pas assez de fonds de
doctrine[2] pour se fier à eux-mêmes. La méthode d'apprendre par cœur met je ne sais combien d'esprits bor-
nés et superficiels en état de faire des discours publics
avec quelque éclat ; il ne faut qu'assembler un certain
nombre de passages et de pensées[3] : si peu qu'on ait de

---

1. *De Oratore*, I, xxxiv ; II, lxxxvi-lxxxviii ; *ad Herennium*, III, xvi-
xxiv, etc.

2. Voyez p. 65, note 4, et p. 110.

3. Ces mots ont un sens particulier. En termes de musique, *passage*
(*passaggio*) désigne un ornement qu'on ajoute à un trait de chant. La Fontaine l'emploie en ce sens dans la fable du Savetier et du Financier,

C'étoit merveilles de le voir,
Merveilles de l'ouïr ; il faisoit des *passages*....,

génie[1] et de secours, on donne avec du temps une forme polie à cette matière. Mais pour le reste il faut une méditation sérieuse des premiers principes, une connoissance étendue des mœurs, la lecture de l'antiquité, de la force de raisonnement et d'action. N'est-ce pas là, Monsieur, ce que vous demandez de l'orateur qui n'apprend point par cœur ce qu'il doit dire?

A. Vous l'avez très-bien expliqué. Je crois seulement qu'il faut ajouter que quand ces qualités ne se trouveront pas éminemment dans un homme, il ne laissera pas de faire de bons discours, pourvu qu'il ait de la solidité d'esprit, un fonds raisonnable de science, et quelque facilité de parler. Dans cette méthode, comme dans l'autre, il y auroit divers degrés d'orateurs. Remarquez encore que la plupart des gens qui n'apprennent point par cœur ne se préparent pas assez : il faudroit étudier son sujet par une profonde méditation, préparer tous les mouvements qui peuvent toucher, et donner à tout cela un ordre qui servît même à mieux remettre les choses dans leur point de vue.

B. Vous nous avez déjà parlé plusieurs fois de cet ordre ; voulez-vous autre chose qu'une division ? N'avez-vous pas encore sur cela quelque opinion singulière ?

A. Vous pensez vous moquer [2] ; je ne suis pas moins bizarre sur cet article que sur les autres.

B. Je crois que vous le dites sérieusement.

A. N'en doutez pas. Puisque nous sommes en train,

et dans l'Épître à M. de Niert, sur l'Opéra,

> Les longs *passages* d'Atto et de Leonora.

Fénelon applique ingénieusement ce mot à ces morceaux brillants, mais vides et déclamatoires, comme on en trouve dans Mascaron et dans Fléchier. Par *pensées* il faut entendre ces phrases ou sentences ingénieuses, ces pointes d'esprit, déjà condamnées plus haut (voy. p. 58, note 3, et p. 136).

1. C'est-à-dire, esprit naturel, *ingenium*.

2. Pour dire, *plaisanter*, comme dans l'*école des Femmes*, a. II, sc. VI,

> Je ne reconnois point, pour moi, quand on *se moque*.
> Parlez-vous tout de bon ?...

je m'en vais vous montrer combien l'ordre manque à la plupart des orateurs.

B. Puisque vous aimez tant l'ordre, les divisions ne vous déplaisent pas.

A. Je suis bien éloigné de les approuver [1].

B. Pourquoi donc? ne mettent-elles pas l'ordre dans un discours ?

A. D'ordinaire elles y en mettent un qui n'est qu'apparent ; de plus, elles dessèchent et gênent le discours ; elles le coupent en deux ou trois parties, qui interrompent l'action de l'Orateur et l'effet qu'elle doit produire ; il n'y a plus d'unité véritable : ce sont deux ou trois discours différents, qui ne sont unis que par une liaison arbitraire. Le sermon d'avant-hier, celui d'hier, et celui d'aujourd'hui, pourvu qu'ils soient d'un dessein suivi, comme les desseins d'Avent, font autant ensemble un tout et un corps de discours, que les trois points d'un de ces sermons font un tout entr'eux.

B. Mais à votre avis, qu'est-ce donc que l'ordre ? Quelle confusion y auroit-il dans un discours qui ne seroit point divisé !

A. Croyez-vous qu'il y ait beaucoup plus de confusion dans les harangues de Démosthène et de Cicéron,

---

1. Fénelon exagère peut-être les inconvénients des divisions artificielles dans les sermons et les panégyriques; mais sa critique est justifiée par l'abus qu'on faisait de cette méthode, née de la dialectique barbare des écoles du moyen-âge, et à laquelle se soumettaient docilement et Bourdaloue, et Bossuet, et Fénelon lui-même. Fleury, dans son *Discours sur la Prédication*, n. v, ne la réprouve pas avec moins de force, et La Bruyère s'en moque en termes piquants : « Ils ont toujours, dit-il, d'une nécessité indispensable et géométrique, trois sujets admirables de vos attentions : ils prouveront une telle chose dans la première partie de leur discours, cette autre dans la seconde partie, et cette autre encore dans la troisième. Ainsi, vous serez convaincu d'abord d'une certaine vérité, et c'est leur premier point ; d'une autre vérité, et c'est leur second point ; et puis d'une troisième vérité, et c'est leur troisième point : de sorte que la première réflexion vous instruira d'un principe des plus fondamentaux de votre religion ; la seconde, d'un autre principe qui ne l'est pas moins ; et la dernière réflexion, d'un troisième et dernier principe, le plus important de tous, qui est remis pourtant, faute de loisir, à une autre fois ; etc. (*De la Chaire*, n. v.) » Buffon, dans son *Discours sur le Style*, condamne l'usage des divisions dans toute espèce d'ouvrages en général.

que dans les sermons du prédicateur de votre paroisse?

B. Je ne sais : je croirois que non.

A. Ne craignez pas de vous engager trop ; les harangues de ces grands hommes ne sont pas divisées comme les sermons d'à-présent. Non seulement eux, mais encore Isocrate, dont nous avons tant parlé, et les autres anciens orateurs n'ont point pris cette règle [1]. Les Pères de l'Église ne l'ont point connue. Saint Bernard, le dernier d'entre eux, marque souvent des divisions, mais il ne les suit pas, et il ne partage point ses sermons. Les prédications ont été encore long-temps après sans être divisées, et c'est une invention très-moderne qui nous vient de la Scholastique.

B. Je conviens que l'École est un méchant modèle pour l'Éloquence ; mais quelle forme donnoit-on donc anciennement à un discours?

A. Je m'en vais vous le dire. On ne divisoit pas un discours, mais on y distinguoit soigneusement toutes les choses qui avoient besoin d'être distinguées. On assignoit à chacune sa place, et on examinoit attentivement en quel endroit il falloit placer chaque chose pour la rendre plus propre à faire impression. Souvent une chose qui, dite d'abord, n'auroit paru rien, devient décisive, lorsqu'elle est réservée pour un autre endroit, où l'auditeur sera préparé par d'autres choses à en sentir toute la force. Souvent un mot qui a trouvé heureusement sa place y met la vérité dans tout son jour. Il faut laisser quelquefois une vérité enveloppée jusqu'à la fin : c'est Cicéron qui nous l'assure [2]. Il doit y avoir partout un enchaînement de preuves ; il faut que la

---

1. Cicéron (*Brutus*, c. LXXXVIII) remarque, dans le portrait de l'orateur Hortensius, qu'il avait introduit le premier la méthode des divisions et des résumés : *Attulerat minime vulgare genus dicendi ; duas quidem res, quas nemo alius : partitiones, quibus de rebus dicturus esset, et collectiones,* etc. Les anciens ont donc connu ces divisions, et Quintilien en parle expressément (*Inst. Or.* IV. v ; mais ce sont les prédicateurs modernes qui en ont poussé l'usage jusqu'à l'abus.

2. Voy. *de Oratore*, II, LIII.

première prépare à la seconde, et que la seconde soutienne la première[1]. On doit d'abord montrer en gros tout un sujet, et prévenir favorablement l'auditeur par un début modeste et insinuant, par un air de probité et de candeur ; ensuite on établit les principes, puis on pose les faits d'une manière simple, claire et sensible, appuyant sur les circonstances dont on devra se servir bientôt après[2]. Des principes, des faits, on tire les conséquences ; et il faut disposer le raisonnement de manière que toutes les preuves s'entr'aident pour être facilement retenues. On doit faire en sorte que le discours aille toujours croissant[3], et que l'auditeur sente de plus en plus le poids de la vérité. Alors il faut déployer les images vives, et les mouvements propres à exciter les passions[4]. Pour cela, il faut connoître la liaison que les passions ont entr'elles[5], celles qu'on peut exciter d'abord plus facilement, et qui peuvent servir à émouvoir les autres ; celles enfin qui peuvent produire les plus grands effets, et par lesquelles il faut terminer le discours. Il est souvent à propos de faire à la fin une récapitulation qui recueille en peu de mots toute la force de l'Orateur, et qui remette devant les yeux tout ce qu'il a dit de plus persuasif. Au reste il ne faut pas garder scrupuleusement cet ordre d'une manière uniforme[6] : chaque sujet a ses exceptions et ses propriétés. Ajoutez que dans cet ordre même on peut trouver une variété presque infinie. Cet ordre, qui nous est à peu près marqué par Cicéron, ne peut pas, comme vous le voyez, être suivi dans un discours coupé en trois, ni observé dans chaque point en particulier. Il

1. Sur la disposition des preuves, voy. *de Orat.* II, LXXVII.
2. Voy. *de Orat.* II, XIX, XXVII, XLIII, LXXVI, etc.; *ad Herenn.* III, IX-X. Compar. S. Augustin, *de Doctr. christ.* IV, IV, 6.
3. *De Orat.* II, L; *Orat.* c. VIII. — Voy. plus bas, p. 126.
4. *De Orat* II, LXXXI et suiv.
5. *Ibid.* II, LI-LIII.
6. *Ibid.* II, LXXVI. — Sur l'ordre dans le discours, comparez un beau passage de la *Lettre à l'Académie,* sect. IV, p. 47-49.

faut donc un ordre, Monsieur, mais un ordre qui ne soit point promis et découvert dès le commencement du discours. Cicéron dit que le meilleur presque toujours est de le cacher, et d'y mener l'auditeur sans qu'il s'en aperçoive [1]. Il dit même en termes formels, car je m'en souviens, qu'il doit cacher jusqu'au nombre de ses preuves, en sorte qu'on ne puisse les compter, quoiqu'elles soient distinctes par elles-mêmes, et qu'il ne doit point y avoir de division du discours clairement marquée. Mais la grossièreté des derniers temps est allée jusqu'à ne point connoître l'ordre d'un discours, à moins que celui qui le fait n'en avertisse dès le commencement, et qu'il ne s'arrête à chaque point.

C. Mais les divisions ne servent-elles pas pour soulager l'esprit et la mémoire de l'auditeur ? C'est pour l'instruction qu'on le fait.

A. La division soulage la mémoire de celui qui parle [2]. Encore même un ordre naturel, sans être marqué, feroit mieux cet effet ; car la véritable liaison des matières conduit l'esprit. Mais pour les divisions, elles n'aident que les gens qui ont étudié, et que l'École a accoutumés à cette méthode ; et si le peuple retient mieux la division que le reste, c'est qu'elle a été plus souvent répétée. Généralement parlant, les choses sensibles et de pratique sont celles qu'il retient le mieux.

B. L'ordre que vous proposez peut être bon sur certaines matières, mais il ne convient pas à toutes ; on n'a pas toujours des faits à poser.

A. Quand on n'en a point, on s'en passe ; mais il n'y a guère de matières où l'on en manque. Une des beautés

---

1. « Tractatio varia esse debet, ne aut cognoscat artem qui audiat, aut defatigetur similitudinis satietate... Oportet... puncta argumentorum plerumque ut occulas, ne quis ea numerare possit, ut re distinguantur, verbis confusa esse videantur. » *De Orat.* II, XLI.

2. « Les divisions semblent être venues des scholastiques accoutumés à dire, *Dico* 1°, *Probo* 1°. On dit qu'elles soulagent la mémoire ; oui, pour le prédicateur ; mais pour l'auditeur, elles ne font que l'embrouiller le plus souvent ; etc. » FLEURY, *Disc. sur la Prédication,* n. v.

de Platon est de mettre d'ordinaire dans le commencement de ses ouvrages de morale des histoires et des traditions, qui sont comme le fondement de toute la suite du discours. Cette méthode convient bien davantage à ceux qui prêchent la Religion ; car tout y est tradition, tout y est histoire, tout y est antiquité. La plupart des prédicateurs n'instruisent pas assez, et ne prouvent que foiblement, faute de remonter à ces sources [1].

B. Il y a déjà long-temps que vous nous parlez ; j'ai honte de vous arrêter davantage : cependant la curiosité m'entraîne ; permettez-moi de vous faire encore quelques questions sur les règles du discours.

A. Volontiers, je ne suis pas encore las, et il me reste un moment à donner à la conversation.

B. Vous voulez bannir sévèrement du discours tous les ornements frivoles : mais apprenez-moi par des exemples sensibles à les distinguer de ceux qui sont solides et naturels.

A. Aimez-vous les fredons [2] dans la musique ? N'aimez-vous pas mieux ces tons animés qui peignent les choses [3], et qui expriment les passions ?

B. Oui, sans doute ; les fredons ne font qu'amuser l'oreille ; ils ne signifient rien, ils n'excitent aucun sentiment. Autrefois notre musique en étoit pleine : aussi n'avoit-elle rien que de confus et de foible ; présentement on a commencé à se rapprocher de la musique des anciens. Cette musique est une espèce de déclamation passionnée ; elle agit fortement sur l'ame.

A. Je savois bien que la Musique, à laquelle vous êtes fort sensible, me serviroit à vous faire entendre

---

1. Voy. p. 65, note 4, et p. 89. « Il faut, dit **La Bruyère**, savoir aujourd'hui très-peu de chose pour bien prêcher. » (*De la Chaire*, n. vi.)

2. On appelait *fredons* une espèce de roulement et de tremblement de voix dans le chant, fort à la mode dans la vieille musique française, comme plus tard l'ont été les *roulades*.

3. La musique expressive de Lulli.

ce qui regarde l'Éloquence [1] ; aussi faut-il qu'il y ait une espèce d'éloquence dans la Musique même ; on doit rejeter les fredons dans l'Éloquence aussi-bien que dans la Musique. Ne comprenez-vous pas maintenant ce que j'appelle discours fredonnés, certains jeux de mots [2] qui reviennent toujours comme des refrains, certains bourdonnements [3] de périodes languissantes et uniformes? Voilà la fausse éloquence qui ressemble à la mauvaise musique.

B. Mais encore, rendez-moi cela un peu plus sensible.

A. La lecture des bons et des mauvais orateurs vous formera un goût plus sûr que toutes les règles [4]. Cependant il est aisé de vous satisfaire en vous rapportant quelques exemples. Je n'en prendrai point dans notre siècle, quoiqu'il soit fertile en faux ornements. Pour ne blesser personne, revenons à Isocrate : aussi bien est-ce le modèle des discours fleuris et périodiques qui sont maintenant à la mode. Avez-vous lu cet Éloge d'Hélène qui est si célèbre?

B. Oui, je l'ai lu autrefois.

A. Comment vous parut-il?

B. Admirable : je n'ai jamais vu tant d'esprit, d'élégance, de douceur, d'invention et de délicatesse [5]. Je vous avoue qu'Homère, que je lus ensuite, ne me pa-

---

1. Le rapport est tiré d'un peu loin, et les mots qui suivent sur l'éloquence dans la musique offrent une idée vague et singulière. Fénelon aimait les arts, mais il en parle souvent avec plus d'esprit et d'imagination que de véritable connaissance.

2. C'est-à-dire, certains arrangements symétriques des mots dans de longues phrases (πάρισα, ἀντίθετα), dont, chez les Grecs, Gorgias avait donné l'exemple avant Isocrate. Voy. Cicéron, *Orat.* c. XLIX.

3. Dans Cicéron, *de Orat.* I, XII, *verborum ornatissimorum sonitus inanis.*

4. Voyez S. Augustin, *de Doctr. christ.* IV, V, 8, et la *Lettre à l'Académie,* sect. IV, p. 53, note 2.

5. Cette admiration n'est pas moins exagérée que la critique qui vient ensuite. L'*Éloge d'Hélène* est un morceau fin et ingénieux, dans lequel Isocrate a voulu traiter à sa manière un sujet sur lequel le rhéteur Gorgias avait déjà écrit un discours. C'est moins un panégyrique véritable, qu'un exercice d'esprit, un jeu d'imagination, assez semblable à celui auquel s'est amusé Platon dans le *Ménexène.*

rut point avoir les mêmes traits d'esprit. Présentement que vous m'avez marqué le véritable but des poètes et des orateurs, je vois bien qu'Homère est autant au-dessus d'Isocrate que son art est caché, et que celui de l'autre paroît. Mais enfin je fus alors charmé d'Isocrate, et je le serois encore si vous ne m'aviez détrompé. M*** est l'Isocrate de notre temps [1]; et je vois bien qu'en montrant le foible de cet orateur, vous faites le procès de tous ceux qui recherchent cette éloquence fleurie et efféminée.

A. Je ne parle que d'Isocrate. Dans le commencement de cet éloge il relève l'amour que Thésée avoit eu pour Hélène, et il s'imagine qu'il donnera une haute idée de cette femme en dépeignant les qualités héroïques de ce grand homme, qui en fut passionné : comme si Thésée, que l'antiquité a toujours dépeint foible et inconstant dans ses amours, n'auroit pas pu être touché de quelque chose de médiocre; puis il vient au Jugement de Paris. Junon, dit-il, lui promettoit l'empire de l'Asie, Minerve la victoire dans les combats, Vénus la belle Hélène ; comme Paris ne put (poursuit-il) dans ce jugement regarder les visages de ces Déesses à cause de leur éclat, il ne put juger que du prix des trois choses qui lui étoient offertes : il préféra Hélène à l'empire et à la victoire. Ensuite il loue le jugement de celui au discernement duquel les Déesses mêmes s'étoient soumises. Je m'étonne, dit-il encore en faveur de Paris, que quelqu'un le trouve imprudent d'avoir voulu vivre avec celle pour qui tant de demi-dieux voulurent mourir [2].

---

1. Il est probable que Fénelon a voulu désigner Mascaron, et il est certain qu'en faisant le procès à Isocrate, il songeait à un prédicateur du temps. De même, en opposant Homère à Isocrate, peut-être pensait-il à Bossuet. Or Mascaron s'est trouvé en concurrence avec ce dernier pour l'oraison funèbre d'Henriette d'Angleterre ; c'est sans doute sur ce discours de Mascaron que retombe la critique de l'*Éloge d'Hélène*. — Voir un passage semblable dans la *Lettre à l'Académie*, sect. IV, p. 49.

2. Θαυμάζω δ' εἰ τις οἴεται κακῶς βεϐουλεῦσθαι τὸν μετὰ ταύτης ζῆν ἑλόμενον, ἧς ἕνεκα πολλοὶ τῶν ἡμιθέων ἀποθνῄσκειν ἠθέλησαν. P. 217, édit. de H. Estienne. — La phrase grecque est à la marge dans l'édition de 1718.

C. Je m'imagine entendre nos prédicateurs à anti-thèses et à jeux d'esprit. Il y a bien des Isocrates.

B. Voilà leur maître ; tout le reste de cet éloge est plein des mêmes traits ; il est fondé sur la longue guerre de Troie, sur les maux que souffrirent les Grecs pour ravoir Hélène, et sur la louange de la beauté qui est si puissante sur les hommes. Rien n'y est prouvé sérieusement, il n'y a en tout cela aucune vérité de morale. Il ne juge du prix des choses que par les passions des hommes ; mais non seulement ses preuves sont foibles ; de plus, son style est tout fardé [1] et amolli. Je vous ai rapporté cet endroit, tout profane qu'il est, à cause qu'il est très-célèbre, et que cette mauvaise manière est maintenant fort imitée. Les autres discours les plus sérieux d'Isocrate se sentent beaucoup de cette mollesse de style, et sont pleins de ces faux brillants.

B. Je vois bien que vous ne voulez point de ces tours ingénieux, qui ne sont ni des raisons solides et concluantes, ni des mouvements naturels et affectueux. L'exemple même d'Isocrate que vous apportez, quoiqu'il soit sur un sujet frivole, ne laisse pas d'être bon ; car tout ce clinquant convient encore bien moins aux sujets sérieux et solides.

A. Revenons, Monsieur, à Isocrate. Ai-je donc eu tort de parler de cet orateur comme Cicéron nous assure qu'Aristote en parloit ?

B. Qu'en dit Cicéron ?

A. Qu'Aristote voyant qu'Isocrate avoit transporté l'Éloquence de l'action et de l'usage à l'amusement et à l'ostentation, et qu'il attiroit par là les plus considérables disciples, il lui appliqua un vers de *Philoctète*, pour marquer combien il étoit honteux de se taire et

---

1. Ce trait paraît pris de Cicéron écrivant à Atticus (II, I, 1) : « Meus liber totum Isocratis μυροθήκιον atque omnes ejus discipulorum arculas ac nonnihil etiam Aristotelia pigmenta consumpsit. » Mais ce passage même montre que Cicéron ne dédaignait pas les graces de l'élocution d'Isocrate, non plus qu'Aristote, comme on peut le voir dans la *Rhétorique*, l. III, ch. IX et X.

d'entendre ce déclamateur [1]. En voilà assez, il faut que je m'en aille.

B. Vous ne vous én irez point encore, Monsieur. Vous ne voulez donc point d'antithèses?

A. Pardonnez-moi : quand les choses qu'on dit sont naturellement opposées les unes aux autres, il faut en marquer l'opposition. Ces antithèses-là sont naturelles, et font sans doute une beauté solide ; alors c'est la manière la plus courte et la plus simple d'exprimer les choses. Mais chercher un détour pour trouver une batterie de mots [2], cela est puéril. D'abord les gens de mauvais goût en sont éblouis, mais dans la suite ces affectations fatiguent l'auditeur. Connoissez-vous l'architecture de nos vieilles églises [3] qu'on nomme gothique ?

B. Oui, je la connois : on la trouve partout.

A. N'avez-vous pas remarqué ces roses, ces points [4], ces petits ornements coupés et sans dessein suivi, enfin tous ces colifichets dont elle est pleine ? Voilà en Architecture ce que les antithèses et les autres jeux de mots sont dans l'Éloquence. L'architecture grecque est bien plus simple [5] ; elle n'admet que des ornements majes-

---

1. Cicéron, *de Orat.* III, xxxv, et *Ire Tusculane,* c. iv. C'était ce vers du *Philoctète* d'Euripide :

Αἰσχρὸν σιωπᾶν, βαρβάρους δ᾽ ἐᾶν λέγειν.

Au mot βαρβάρους Aristote, dit-on, substituait Ἰσοκράτη. Mais cette anecdote, souvent répétée, a tout l'air d'une fable, ainsi que la prétendue rivalité d'Aristote et d'Isocrate, comme l'a montré M. Havet, *Etude sur la Rhétorique d'Aristote,* p. 13.

2. Expression piquante, et qui paraît propre à Fénelon.

3. Comparaison du même genre que celle qui est à la page 80 ; celle-ci est reproduite encore dans le *Discours de réception,* p. 5, et à la fin de la *Lettre à l'Académie.*

4. Ces *dentelles de pierre,* comme on s'exprime aujourd'hui. On donne en effet le nom de *point* à certaines dentelles : *point d'Alençon, point d'Angleterre,* etc.

5. L'architecture grecque a eu aussi sa décadence, comme l'architecture romaine, mais tard. Au contraire l'art du moyen âge n'a pas gardé long-temps sa simplicité, sa sévérité et sa grandeur ; il a dégénéré promptement en un style bizarre et confus, où tout est sacrifié à une ornementation surabondante et capricieuse.

tueux et naturels, on n'y voit rien que de grand, de proportionné, de mis en sa place. Cette architecture qu'on appelle gothique, nous est venue des Arabes [1]. Ces sortes d'esprits étant fort vifs, et n'ayant ni règle ni culture, ne pouvoient manquer de se jeter dans de fausses subtilités. De là leur vint ce mauvais goût en toutes choses. Ils ont été sophistes en raisonnements, amateurs de colifichets en Architecture, et inventeurs de pointes en Poésie et en Éloquence. Tout cela est du même génie.

B. Cela est fort plaisant. Selon vous, un sermon plein d'antithèses et d'autres semblables ornements est fait comme une église bâtie à la gothique [2].

A. Oui, c'est précisément cela.

B. Encore une question, je vous en conjure, et puis je vous laisse.

A. Quoi?

B. Il me semble qu'il est bien difficile de traiter en style noble les détails, et cependant il faut le faire, quand on veut être solide comme vous demandez qu'on le soit. De grace, un mot là-dessus.

A. On a tant de peur dans notre nation d'être bas, qu'on est d'ordinaire sec et vague dans les expressions [3]. Veut-on louer un Saint? on cherche des phrases ma-

1. Ce point n'est rien moins que certain; mais on a longtemps attribué aux Arabes l'origine des arts et des inventions propres au moyen-âge.

2. Cette idée est plus spirituelle que juste; car un sermon plein d'antithèses peut n'en être pas moins bien composé, comme une église gothique surchargée d'ornements peut avoir d'exactes et de belles proportions. Fléchier semble avoir voulu répondre à cette observation de Fénelon, dans ce passage de la préface de ses Panégyriques des Saints : « On prodigue l'or et les pierreries pour orner et pour enrichir les châsses où l'on renferme leurs reliques; pourquoi n'employeroit-on pas les graces et les ornements du discours dans le récit de leurs vertus, qui sont l'image de leur vie, et les restes de leur esprit? Il faut pourtant que, quelque louange que nous leur donnions, leurs œuvres les louent encore davantage; que la beauté des ornements ne cache pas la dignité de la matière, et que les fleurs de l'Éloquence de la Chaire soient comme celles de la Sagesse, qui sont *des fruits d'honneur et d'honnêteté.* »

3. Ce reproche est trop général, et Fénelon a souvent le tort d'imputer à la nation et à la langue française ce qui n'est le défaut que de certains auteurs. A cela près, le mot est très-juste et très-bien exprimé.

gnifiques ; on dit qu'il étoit admirable, que ses vertus étoient célestes, que c'étoit un ange et non pas un homme ; ainsi tout se passe en exclamations sans preuve et sans peinture. Tout au contraire les Grecs se servoient peu de tous ces termes généraux qui ne prouvent rien [1], mais ils disoient beaucoup de faits. Par exemple, Xénophon dans toute la Cyropédie ne dit pas une fois que Cyrus étoit admirable, mais il le fait partout admirer. C'est ainsi qu'il faudroit louer les Saints en montrant le détail de leurs sentiments et de leurs actions. Nous avons là-dessus une fausse politesse semblable à celle de certains provinciaux qui se piquent de bel esprit [2]. Ils n'osent rien dire qui ne leur paroisse exquis et relevé ; ils sont toujours guindés, et croiroient se trop abaisser en nommant les choses par leurs noms. Tout entre dans les sujets que l'Éloquence doit traiter [3]. La Poésie même, qui est le genre le plus sublime, ne réussit qu'en peignant les choses avec toutes leurs circonstances. Voyez Virgile représentant les navires troyens qui quittent le rivage d'Afrique, ou qui arrivent sur la côte d'Italie [4] : tout le détail y est peint. Mais il faut avouer que les Grecs poussoient encore plus loin le détail, et suivoient plus sensiblement la nature. A cause de ce grand détail, bien des gens, s'ils l'osoient, trouveroient Homère trop simple. Par cette simplicité si originale, et dont nous avons tant perdu le goût, ce poète a beaucoup de rapport avec l'Écriture [5] ; mais l'Écriture le surpasse autant qu'il a surpassé tout le reste de l'antiquité, pour peindre naïvement les choses.

1. « Amas d'épithètes, mauvaises louanges ; ce sont les faits qui louent, et la manière de les raconter. » LA BRUYÈRE, *des Ouvrages de l'Esprit*, n. XIII. Comparez p. 136.

2. Voir *La comtesse d'Escarbagnas* de Molière.

3. Principe vrai et fécond, mais seulement pour les grands écrivains. Parmi les médiocres, les esprits timides ne le conçoivent pas ; les esprits hardis l'appliquent mal et avec excès.

4. *Enéide*, l. IV, v. 397-407 ; 571-583, et les premiers vers du livre VI.

5. Compar. III⁰ Dialogue, p. 103 et 104.

En faisant un détail [1], il ne faut rien présenter à l'esprit de l'auditeur qui ne mérite son attention, et qui ne contribue à l'idée qu'on veut lui donner. Ainsi il faut être judicieux pour le choix des circonstances ; mais il ne faut point craindre de dire tout ce qui sert ; et c'est une politesse mal entendue que de supprimer certains endroits utiles, parce qu'on ne les trouve pas susceptibles d'ornements : outre qu'Homère nous apprend assez, par son exemple, qu'on peut embellir en leur manière tous les sujets. D'ailleurs il faut reconnoître que tout discours doit avoir ses inégalités [2]. Il faut être grand dans les grandes choses ; il faut être simple, sans être bas, dans les petites ; il faut tantôt de la naïveté et de l'exactitude, tantôt de la sublimité et de la véhémence. Un peintre qui ne représenteroit jamais que des palais d'une architecture somptueuse ne feroit rien de vrai, et lasseroit bientôt. Il faut suivre la nature dans ses variétés : après avoir peint une superbe ville, il est souvent à propos de faire voir un désert et des cabanes de bergers. La plupart des gens qui veulent faire de beaux discours cherchent sans choix également partout la pompe des paroles : ils croient avoir tout fait, pourvu qu'ils aient fait un amas de grands mots et de pensées vagues. Ils ne songent qu'à charger leurs discours d'ornements ; semblables aux méchants cuisiniers qui ne savent rien assaisonner avec justesse, et qui croient donner un goût exquis aux viandes en y mettant beaucoup de sel et de poivre [3]. La véritable éloquence n'a rien d'enflé ni d'ambitieux ; elle se modère et se proportionne aux sujets qu'elle traite, et aux gens qu'elle

1. Ce qu'on appelle aujourd'hui un *développement*. Le précepte contenu dans cette phrase est excellent, et exprimé avec une rare précision.

2. C'est-à-dire, des différences de ton et de style, de la variété. Voy. p. 63, note 2. — « Quantum congrue fieri potest, omnibus generibus dictio varianda est; etc. » S. AUGUSTIN, *de Doctr. christ.* IV, XXII, 51.

3. Comparez une phrase semblable dans la *Lettre à l'Académie*, sect. V, p 64.

instruit ; elle n'est grande et sublime que quand il faut l'être.

B. Ce mot que vous nous avez dit de l'Écriture sainte me donne un désir extrême que vous m'en fassiez sentir la beauté ; ne pourrons-nous point vous avoir demain à quelque heure ?

A. Demain , il me sera difficile ; je tâcherai pourtant de venir le soir. Puisque vous le voulez , nous parlerons de la parole de Dieu ; car jusqu'ici nous n'avons parlé que de celle des hommes [1].

C. Adieu , Monsieur : je vous conjure de nous tenir parole. Si vous ne venez pas , nous vous irons chercher.

---

1. Dans ce IIᵉ Dialogue on est passé de la théorie philosophique de l'art à l'examen détaillé des principales questions qui se rapportent à la pratique de l'Eloquence. Après avoir établi que son objet fondamental est de *convaincre* et de *persuader*, Fénelon s'est efforcé de faire voir qu'elle doit encore *peindre*, comme la Poésie, pour exciter les passions par une vive imitation de la nature, plutôt que de chercher à plaire par des jeux d'esprit et des raffinements de style. C'est à ce même objet qu'il a rattaché l'élément si important de l'action oratoire, qui doit, selon lui, être une peinture fidèle et variée des pensées et des mouvements de l'ame. De là il a été conduit à faire la critique des prédicateurs de son temps, non seulement pour leur mauvais goût et leur frivolité, mais surtout pour leur action froide ou déclamatoire, leur habitude de n'apporter dans la chaire que des discours appris par cœur, et leur asservissement à l'usage des divisions artificielles, reste de la scholastique, et ressource de la médiocrité. Sur ces deux derniers points, d'une si grande conséquence, Fénelon parle encore comme un disciple éclairé des anciens, et d'après les principes des premiers orateurs du Christianisme. Il oppose à l'éloquence fardée et laborieuse de la plupart des prédicateurs la manière libre et originale d'un orateur qui tire toute sa force de la solidité de sa doctrine, d'une profonde méditation de son sujet, et d'une communication familière et continuelle avec son auditoire ; qui enfin fait de son discours une composition pleine et unie, où les principes et les faits, les images et les sentiments, s'enchaînent dans un ordre naturel, sans le secours de divisions subtiles ni de faux ornements, et où les détails de l'élocution sont traités de même, dans une forme pleine tout à la fois de simplicité, d'abondance et de variété.

DIALOGUE III.

C. Je doutois que vous vinssiez, et peu s'en est fallu que je n'allasse chez M. ***

A. J'avois une affaire qui me gênoit, mais je me suis débarrassé heureusement.

B. J'en suis fort aise, car nous avons grand besoin d'achever la matière entamée.

C. Ce matin j'étois au sermon à ***, et je pensois à vous. Le prédicateur a parlé d'une manière édifiante, mais je doute que le peuple entendît bien ce qu'il disoit.

A. Souvent cela arrive. J'ai vu une femme d'esprit qui disoit que les prédicateurs parlent latin en françois. La plus essentielle qualité d'un prédicateur est d'être instructif; mais il faut être bien instruit pour instruire les autres [1]. D'un côté il faut entendre parfaitement toute la force des expressions de l'Écriture; de l'autre, il faut connoître précisément la portée des esprits auxquels on parle : cela demande une science fort solide et un grand discernement. On parle tous les jours au peuple de l'Écriture, de l'Église, des deux lois [2], des sacrifices [3], de Moïse, d'Aaron, de Melchisedech, des Prophètes, des Apôtres : et on ne se met point en peine de leur apprendre [4] ce que signifient toutes ces choses,

---

1. Voy. p. 65, note 4. Fénelon revient sans cesse sur ce point, comme sur un des principaux fondements de sa théorie; il veut que l'on enseigne la religion par les faits, aussi bien que par le dogme et par la morale. Fleury parle de même dans le *Discours sur la Prédication*, n. IV et X.

2. La loi ancienne ou loi de Moïse, et la loi nouvelle ou loi évangélique.

3. Les sacrifices sanglants de l'ancienne loi, et les sacrifices non sanglants de la loi nouvelle. Voyez le *Grand Catéchisme historique* de Fleury, IIe partie, leçon XLV.

4. On lit ainsi dans les éditions de 1718 et de 1787; dans celle de 1824, *lui apprendre.* C'est la même syllepse que dans ces vers de *Britannicus* :

> On ne voit point le peuple à mon nom s'alarmer ;
> Le ciel dans tous leurs pleurs ne m'entend pas nommer.

et ce qu'ont fait ces personnes-là. On suivroit vingt ans bien des prédicateurs, sans apprendre la Religion comme on la doit savoir.

B. Croyez-vous qu'on ignore les choses dont vous parlez?

C. Pour moi, je n'en doute pas. Peu de gens les entendent assez pour profiter des sermons.

B. Oui, le peuple grossier les ignore.

C. Hé bien ! le peuple, n'est-ce pas lui qu'il faut instruire[1] ?

A. Ajoutez que la plupart des honnêtes gens sont peuple à cet égard-là [2]. Il y a toujours les trois quarts de l'auditoire qui ignorent ces premiers fondements de la Religion, que le prédicateur suppose qu'on sait.

B. Mais voudriez-vous que dans un bel auditoire un prédicateur allât expliquer le Catéchisme ?

A. Je sais qu'il y faut apporter quelque tempérament[3]; mais on peut, sans offenser ses auditeurs, rappeler les histoires qui sont l'origine et l'institution de toutes les choses saintes. Bien loin que cette recherche de l'origine fût basse, elle donneroit à la plupart des discours une force et une beauté qui leur manque [4]. Nous avions déjà fait hier cette remarque en passant [5], surtout pour

---

1. Au commencement de sa carrière, Fénelon fut chargé par le curé de Saint-Sulpice d'expliquer l'Ecriture sainte au peuple les dimanches et jours de fête ; et ce fut là qu'il commença à se faire connaître.

2. « La plupart même des gens d'esprit ou des savants sont ignorants de la religion. On n'explique jamais les dogmes que par occasion, selon qu'ils entrent dans le dessein et dans la division d'un sermon, etc. » FLEURY, *Disc. sur la Prédication*, n. IV. — On a vu à la p. 7 (note 1) ce qu'il faut entendre par *honnêtes gens.* L'expression *être peuple* rappelle un mot de la maréchale de Retz, cité par Balzac, dans l'*Eloge du duc de Guise* (Œuvres, t. II, p. 491): « Ils avoient si bonne mine, ces princes Lorrains, qu'auprès d'eux les autres princes *paroissoient peuple.* » Balzac ajoute que cette façon de parler est *un peu hardie.*

3. C'est-à-dire, quelque mesure ; latinisme. Pline, dans le Panégyrique de Trajan, c. III : *Quod temperamentum omnes servavimus, hoc singuli quoque teneamus.*

4. Dans les éditions de 1787 et de 1824, *manquent.* Voy. p. 9, note 1.

5. Dans le IIe Dialogue, p. 80. — Cette explication historique des mystères de la religion ne se trouve guère que dans quelques sermons de Bossuet : par exemple, dans le premier des trois *pour la fête de la Circoncision de N' S.*

les Mystères. L'auditoire n'est ni instruit ni persuadé, si on ne remonte à la source. Comment, par exemple, ferez-vous entendre au peuple ce que l'Église dit si souvent après saint Paul, que Jésus-Christ est notre Pâque, si on n'explique quelle étoit la Pâque des Juifs, instituée pour être un monument éternel de la délivrance d'Égypte [1], et pour figurer une délivrance bien plus importante, qui étoit réservée au Sauveur? C'est pour cela que je vous disois que presque tout est historique dans la Religion. Afin que les prédicateurs comprennent bien cette vérité, il faut qu'ils soient savants dans l'Écriture.

B. Pardonnez-moi si je vous interromps à l'occasion de l'Écriture. Vous nous disiez hier qu'elle est éloquente. Je fus ravi de vous l'entendre dire, et je voudrois bien que vous m'apprissiez à en connoître les beautés. En quoi consiste cette éloquence? Le latin m'y paroît barbare en beaucoup d'endroits; je n'y trouve point de délicatesse de pensées. Où est donc ce que vous admirez?

A. Le latin n'est qu'une version littérale, où l'on a conservé par respect beaucoup de phrases hébraïques et grecques. Méprisez-vous Homère, parce que nous l'avons traduit en mauvais françois?

B. Mais le grec lui-même (car il est original pour presque tout le Nouveau-Testament [2]) me paroît fort mauvais.

A. J'en conviens. Les Apôtres qui ont écrit en grec

et dans celui *sur le Mystère de l'Ascension de J.-C.* (édit. de Versailles, t. XI, p. 440, et t. XIV, p. 88).

1. « Tous les sacrés rites de la religion judaïque, où tout étoit purifié par le sang, l'agneau même qu'on immoloit à la solennité principale, c'est-à-dire, à celle de Pàques, en mémoire de la délivrance du peuple : tout cela ne signifioit autre chose que le Christ sauveur par son sang de tout le peuple de Dieu. » BOSSUET, *Hist. universelle,* IIe partie, ch. III.

2. S. Matthieu avait écrit son évangile non en grec, mais en hébreu, ou peut-être en syriaque. L'original n'existe plus, et l'on ne sait pas au juste quel est l'auteur de la traduction grecque qui nous en est restée. Tous les autres livres du Nouveau-Testament ont été écrits en grec d'original.

savoient mal cette langue , comme les autres Juifs hellénistes de leur temps [1]. De là vient ce que dit saint Paul, *imperitus sermone , sed non scientia* [2]. Il est aisé de voir que saint Paul avoue seulement qu'il ne sait pas bien la langue grecque , quoique d'ailleurs il leur explique exactement la doctrine des saintes Écritures.

C. Mais les Apôtres n'eurent-ils pas le don des langues ?

A. Ils l'eurent sans doute, et il passa même jusqu'à un grand nombre de simples fidèles. Mais pour les langues qu'ils savoient déjà par des voies naturelles, nous avons sujet de croire que Dieu les leur laissa parler comme ils les parloient auparavant. Saint Paul , qui étoit de Tarse , parloit naturellement le grec corrompu des Juifs hellénistes. Nous voyons qu'il a écrit en cette manière. Saint Luc paroît l'avoir su un peu mieux [3].

C. Mais j'avois toujours compris que saint Paul vouloit dire dans ce passage qu'il renonçoit à l'Éloquence, et qu'il ne s'attachoit qu'à la simplicité de la doctrine évangélique. Oui sûrement, et je l'ai ouï dire à beaucoup de gens de bien, que l'Écriture sainte n'est point éloquente [4]. Saint Jérôme fut puni pour être dégoûté de sa simplicité , et pour aimer mieux Cicéron [5]. Saint Augustin paroît dans ses *Confessions* avoir commis la même faute [6]. Dieu n'a-t-il pas voulu éprouver notre

1. Dans l'édition de 1718, *de leurs temps.*

2. II *Cor.* XI, 6.

3. « L'évangile de S. Luc est écrit plus purement que celui de S. Marc et de S. Jean, parce qu'il savoit bien la langue grecque, comme a remarqué S. Jérôme ; ce qui paroit aussi dans le style du livre des *Actes.* » Nouveau-Testament de l'édit. de Mons (1667), t. 1, p. 196. On sait que S. Luc était d'Antioche, et qu'il avait été médecin.

4. Voyez, sur ce préjugé, le Discours de Fleury *sur l'Écriture sainte,* n. VII-XI.

5. Voyez le *Tableau de l'éloquence chrétienne au* IVe *siècle ,* par M. Villemain, édit. de 1849, p. 337 et 350, et les OEuvres de S. Jérôme , édit. des Bénédictins, t. IV, 2e partie, p. 42 et 420.

6. Voy. M. Villemain, *ibid.* p. 378 ; S. Augustin, *Confessions,* l. III, ch. III-V. — Cette phrase un peu équivoque signifie, qu'il parait, par ce que dit S. Augustin dans ses *Confessions,* qu'il avait commis la même faute.

foi, non seulement par l'obscurité, mais encore par la bassesse du style de l'Écriture, comme par la pauvreté de Jésus-Christ?

A. Monsieur, je crains que vous n'alliez trop loin. Qui croiriez-vous plutôt, ou de saint Jérôme puni pour avoir trop suivi dans sa retraite le goût des études de sa jeunesse, ou de saint Jérôme consommé dans la science sacrée et profane, qui invite Paulin, dans une épître [1], à étudier l'Écriture sainte, et qui lui promet plus de charmes dans les Prophètes qu'il n'en a trouvé dans les poètes? Saint Augustin avoit-il plus d'autorité dans sa première jeunesse, où la bassesse apparente du style de l'Écriture, comme il le dit lui-même, le dégoûtoit, que quand il a composé ses livres de la *Doctrine Chrétienne?* Dans ces livres il dit souvent [2] que saint Paul a eu une éloquence merveilleuse, et que ce torrent d'éloquence est capable de se faire sentir, pour ainsi dire, à ceux mêmes qui dorment [3]. Il ajoute qu'en saint Paul la sagesse n'a point cherché la beauté des paroles, mais que la beauté des paroles est allée au devant de la sagesse [4]. Il rapporte de grands endroits de ses Épîtres, où il fait voir tout l'art des orateurs profanes surpassé. Il excepte seulement deux choses dans cette comparaison: l'une, dit-il, que les orateurs profanes ont cherché les ornements de l'Éloquence, et que l'Éloquence a suivi naturellement saint Paul et les autres écrivains sacrés [5]; l'autre est que saint Augustin témoigne ne savoir pas assez les délicatesses de la langue

---

1. Voy. M. Villemain, *Tableau de l'éloq. chrétienne*, p. 346; S. Jérôme, t. IV, 2ᵉ partie, p. 566.

2. « Tumor enim meus refugiebat modum ejus. » *Confessions*, III, v, et dans le titre du même chapitre : *Fastidiit sacras Litteras propter simplicitatem styli.*

3. Voyez l. IV, c. vii, n. 11-21. — « Quanta sapientia ista sint dicta vigilantes vident. Quanto vero etiam eloquentiæ cucurrerint flumine et qui stertit advertit. » *Ibid.* n. 12.

4. *Ibid.* c. vi, n. 10, et c. vii, n. 11, 12, 21.

5. *Ibid.* c. vi, n. 10, et c. vii, n. 14.

grecque, pour trouver dans les Écritures saintes le nombre et la cadence des périodes[1], qu'on trouve dans les écrivains profanes. J'oubliois de vous dire qu'il rapporte cet endroit du prophète Amos : *Malheur à vous qui étes opulents dans Sion, et qui vous confiez à la montagne de Samarie*[2] *!* Il assure que le Prophète a surpassé en cet endroit tout ce qu'il y a de merveilleux dans les orateurs païens[3].

C. Mais comment entendez-vous ces paroles de saint Paul, *non in persuasibilibus humanæ sapientiæ verbis?* Ne dit-il pas aux Corinthiens qu'il n'est point venu leur annoncer Jésus-Christ avec la sublimité du discours et de la sagesse ? qu'il n'a su parmi eux que Jésus, mais Jésus crucifié? que sa prédication a été fondée non sur les discours persuasifs de la sagesse humaine, mais sur les effets sensibles de l'esprit et de la puissance de Dieu? afin, continue-t-il, que votre foi ne soit point fondée sur la sagesse des hommes, mais sur la puissance divine[4]. Que signifient donc ces paroles, Monsieur? Que pouvoit-il dire de plus fort pour rejeter cet art de persuader que vous établissez ici ? Pour moi, je vous avoue que j'ai été édifié quand vous avez blâmé tous les ornements affectés que la vanité cherche dans

---

1. Ceci semble manquer d'exactitude. Au chap. vi, n. 9, S. Augustin parle de l'obscurité de l'Écriture, qui, dit-il, n'y fait point tort à l'éloquence ; puis il ajoute (n. 10) : « Possem quidem, si vacaret, omnes virtutes et ornamenta eloquentiæ.. ostendere in... litteris sacris... » ; et en effet, dans ce qui suit, il analyse, d'après les règles de l'art et avec toute l'habileté d'un ancien maître de rhétorique, les formes de l'élocution dans les passages qu'il a cités de S. Paul et du prophète Amos.

2. « Væ qui opulenti estis in Sion, et confiditis in monte Samariæ! » c. vi, v. 1.

3. *De Doctr. christ.* IV, vii, 16.

4. I *Cor.* ii, 1-5. Voici tout le passage :

« Et ego, quum venissem ad vos, fratres, veni, non in sublimitate sermonis aut sapientiæ, annuntians vobis testimonium Christi.

« Non enim judicavi me scire aliquid inter vos, nisi Jesum Christum, et hunc crucifixum.

« Et ego in infirmitate, et timore, et tremore multo fui apud vos :

« Et sermo meus et prædicatio mea, non in persuasibilibus humanæ sapientiæ verbis, sed in ostensione spiritus et virtutis :

« Ut fides vestra non sit in sapientia hominum, sed in virtute Dei. »

le discours: mais la suite ne soutient pas un si pieux commencement. Vous allez faire de la prédication un art tout humain, et la simplicité apostolique en sera bannie [1].

A. Vous êtes mal édifié de mon estime pour l'Éloquence, et moi je suis fort édifié du zèle avec lequel vous m'en blâmez. Cependant, Monsieur, il n'est pas inutile de nous éclaircir là-dessus. Je vois beaucoup de gens de bien qui, comme vous, croient que les prédicateurs éloquents blessent la simplicité évangélique. Pourvu que nous nous entendions, nous serons bientôt d'accord. Qu'entendez-vous par simplicité? Qu'entendez-vous par éloquence?

C. Par simplicité, j'entends un discours sans art et sans magnificence; par éloquence, j'entends au contraire un discours plein d'art et d'ornements.

A. Quand vous demandez un discours simple, voulez-vous un discours sans ordre, sans liaison, sans

1. Dans cet entretien, *C* ne représente pas plus un janséniste que *B* un jésuite; mais Fénelon met naturellement dans la bouche de ce personnage, aussi grave que l'autre est léger, l'exposition d'une doctrine, qui, sans être celle de Port-Royal, pouvait paraître la conséquence des principes sévères de cette école. Au fond ce n'était qu'une chimère de quelques esprits rigides ou systématiques, goûtée de beaucoup de gens de bien que choquait le style fleuri et le ton déclamatoire des prédicateurs à la mode. En 1694, l'académicien Du Bois causa une sorte de scandale, en soutenant, dans la préface d'une traduction des Sermons de S. Augustin, qu'il fallait bannir de la chaire l'éloquence humaine, pour n'y laisser qu'une exposition simple et sans art de la vérité. Du Bois était janséniste; il n'eut pour lui que le P. Lamy, oratorien, et fut combattu vivement au contraire par deux jansénistes, le rhéteur Gibert et l'illustre Arnauld. Ce dernier, peu de temps avant de mourir, écrivit, sous le titre de *Réflexions sur l'éloquence des Prédicateurs* (Paris, 1695, in-12), une exposition nette et précise des vrais principes, et une réfutation victorieuse de la doctrine soutenue par Du Bois. (V. Rollin, *Tr. des Études*, l. IV, ch. II, art. I, § 2.) Il ne paraît pas d'ailleurs que les paroles de Fénelon aient trait particulièrement à ce débat : il est très-probable que les Dialogues étaient déjà composés depuis un certain temps quand il eut lieu; mais naturellement il devait examiner ici la grave question que soulève le passage de S. Paul, et qui a toujours intéressé la religion comme la rhétorique. On vient de voir que S. Augustin l'a traitée amplement dans le IVe livre de la *Doctrine chrétienne.* S. Jean Chrysostome l'a discutée aussi dans son traité *du Sacerdoce* (l. IV, ch. VI; t. I, p. 410 et suiv. de l'édit. de Montfaucon); elle remplit toute la première partie du beau Panégyrique de S. Paul, où Bossuet développe ce qu'il appelle *la foiblesse victorieuse des prédications toutes simples de l'Apôtre,* et on la retrouve encore dans le premier point de son sermon *sur la parole de Dieu.*

preuves solides et concluantes, sans méthode pour instruire les ignorants ? Voulez-vous un prédicateur qui n'ait rien de pathétique, et qui ne s'applique point à toucher les cœurs ?

C. Tout au contraire, je demande un discours qui instruise et qui touche.

A. Vous voulez donc qu'il soit éloquent ; car nous avons déjà vu que l'Éloquence n'est que l'art d'instruire et de persuader les hommes en les touchant.

C. Je conviens qu'il faut instruire et toucher, mais je voudrois qu'on le fît sans art, et par la simplicité apostolique.

A. Voyons donc si l'art et la simplicité apostolique sont incompatibles. Qu'entendez-vous par art ?

C. J'entends certaines règles que l'esprit humain a trouvées, et qu'il suit dans le discours pour le rendre plus beau et plus poli.

A. Si vous n'entendez par art que cette invention[1] de rendre un discours plus poli pour plaire aux auditeurs, je ne dispute point sur les mots, et j'avoue qu'il faut ôter l'art des sermons[2] ; car cette vanité, comme nous l'avons vu, est indigne de l'Éloquence, à plus forte raison du ministère apostolique. Ce n'est que sur cela que j'ai tant raisonné avec M. *B.* Mais, si vous entendez par art et par éloquence ce que tous les habiles d'entre les anciens ont entendu, il ne faudra pas raisonner de même.

C. Comment l'entendoient-ils donc ?

A. Selon eux, l'art de l'Éloquence sont les moyens[3]

1. On diroit aujourd'hui, *ce talent de rendre...* Voy. la note de la p. 48.

2. « Semper vitanda est perniciosa dulcedo. Sed salubri suavitate vel suavi salubritate quid melius ? » S. AUGUSTIN, *de Doctr. christ.* IV, v, 8.

3. Leçon de l'édit. de 1718, à laquelle on a substitué, dans quelques autres, *ce sont,* dans celles de 1787 et de 1824, *consiste dans les moyens.* Cette phrase est plutôt singulière qu'incorrecte ; on en trouve de semblables. L'abbé de Rancé écrit à Bossuet (mars 1697) : « Tout ce que vous écrivez, Monseigneur, *sont* des décisions. » Buffon, dans la description de l'Écureuil, dit : « Sa nourriture *sont* des fruits, des amandes, des noisettes, etc. »

que la réflexion et l'expérience ont fait trouver pour rendre un discours propre à persuader la vérité, et à en exciter l'amour dans le cœur des hommes; et c'est cela même que vous voulez trouver dans un prédicateur. Ne m'avez-vous pas dit tout à cette heure que vous voulez de l'ordre, de la méthode pour instruire, de la solidité de raisonnement, et des mouvements pathétiques, c'est-à-dire, qui touchent et qui remuent les cœurs? L'Éloquence n'est que cela. Appelez-la comme vous voudrez.

C. Je vois bien maintenant à quoi vous réduisez l'Éloquence. Sous cette forme sérieuse et grave, je la trouve digne de la Chaire, et nécessaire même pour instruire avec fruit. Mais comment entendez-vous le passage de saint Paul contre l'Éloquence? Je vous en ai déjà dit les paroles [1] : n'est-il pas formel?

A. Permettez-moi de commencer par vous demander une chose.

C. Volontiers.

A. N'est-il pas vrai que saint Paul raisonne admirablement dans ses Épîtres? Ses raisonnements contre les philosophes païens et contre les Juifs, dans l'Épître aux Romains[2], ne sont-ils pas beaux? Ce qu'il dit sur l'impuissance de la loi pour justifier les hommes [3] n'est-il pas fort?

C. Oui, sans doute.

A. Ce qu'il dit dans l'Épître aux Hébreux sur l'insuffisance des anciens sacrifices [4], sur le repos promis par David aux enfants de Dieu, outre celui dont ils jouissoient dans la Palestine depuis Josué [5], sur l'ordre d'Aaron et sur celui de Melchisédech [6], et sur l'alliance

---

1. Voyez p. 93, note 3.
2. Ch. i-ii et ix-xii.
3. *Ibid.* ch. iii et iv.
4. Ch. ix et x. — Sur les sacrifices, voyez plus haut, p. 89, note 3.
5. *Ibid.* ch. iii et iv.
6. *Ibid.* ch. vii.

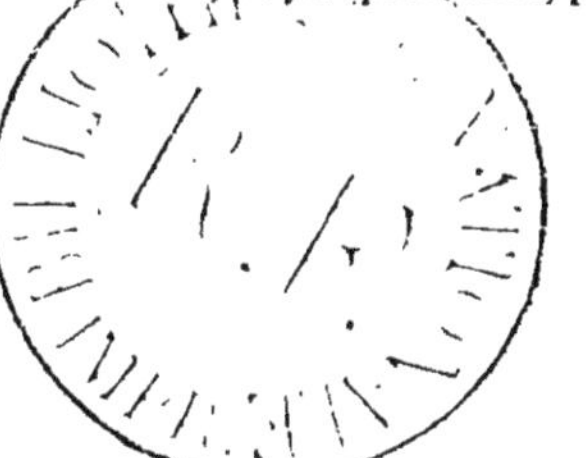

spirituelle et éternelle qui devoit nécessairement succéder à l'alliance charnelle, que Moïse avoit apportée pour un temps [1] ; tout cela n'est-il pas d'un raisonnement subtil et profond?

C. J'en conviens.

A. Saint Paul n'a donc pas voulu exclure du discours la sagesse et la force du raisonnement?

C. Cela est visible par son propre exemple.

A. Pourquoi croyez-vous qu'il ait voulu plutôt en exclure l'Éloquence que la sagesse?

C. C'est parce qu'il rejette l'Éloquence dans le passage dont je vous demande l'explication.

A. N'y rejette-t-il pas aussi la sagesse? Sans doute. Ce passage est encore plus décisif contre la sagesse et le raisonnement humain, que contre l'Éloquence. Il ne laisse pourtant pas lui-même de raisonner et d'être éloquent. Vous convenez de l'un, et saint Augustin vous assure de l'autre.

C. Vous me faites parfaitement bien voir la difficulté, mais vous ne m'éclaircissez point. Comment expliquez-vous cela?

A. Le voici. Saint Paul a raisonné, saint Paul a persuadé; ainsi il étoit dans le fond excellent philosophe et orateur. Mais sa prédication, comme il le dit dans le passage en question, n'a été fondée ni sur le raisonnement, ni sur la persuasion humaine : c'étoit un ministère dont toute la force venoit d'en haut. La conversion du monde entier devoit être, selon les Prophéties, le grand miracle du Christianisme. C'étoit ce royaume de Dieu qui venoit du ciel, et qui devoit soumettre au vrai Dieu toutes les nations de la terre. Jésus-Christ crucifié annoncé aux peuples devoit attirer tout à lui, mais attirer tout par l'unique vertu de sa croix [2]. Les

1. *Ibid.* ch. VIII.

2. Fénelon a développé cette idée dans son sermon sur *la vocation des Gentils,* au premier point.

philosophes avoient raisonné, sans convertir les hommes et sans se convertir eux-mêmes. Les Juifs avoient été les dépositaires d'une loi qui leur montroit leurs maux sans leur apporter le remède. Tout étoit sur la terre convaincu d'égarement et de corruption[1]. Jésus-Christ vient avec sa croix, c'est-à-dire qu'il vient pauvre, humble et souffrant pour nous. Pour imposer silence à notre raison vaine et présomptueuse, il ne raisonne point comme les philosophes; mais il décide avec autorité par ses miracles et par sa grace; il montre qu'il est au-dessus de tout; pour confondre la fausse sagesse des hommes, il leur oppose la folie et le scandale de sa croix, c'est-à-dire, l'exemple de ses profondes humiliations[2]. Ce que le monde croit une folie, ce qui le scandalise le plus, est ce qui le doit ramener à Dieu. L'homme a besoin d'être guéri de son orgueil et de son amour pour les choses sensibles. Dieu le prend par là : il lui montre son fils crucifié. Ses Apôtres le prêchent, marchant sur ses traces. Ils n'ont recours à nul moyen humain, ni philosophie, ni éloquence, ni politique, ni richesse, ni autorité. Dieu, jaloux de son œuvre, n'en veut devoir le succès qu'à lui-même. Il choisit ce qui est foible, il rejette ce qui est fort, afin de manifester plus sensiblement sa puissance. Il tire tout du néant pour convertir le monde, comme pour le former. Ainsi cette œuvre doit avoir ce caractère divin, de n'être fondée sur rien d'estimable selon la chair. C'eût été affoiblir et évacuer, comme dit saint Paul, la vertu miraculeuse de la croix[3], que d'appuyer la prédication de

---

1. Ces trois dernières phrases peuvent sembler un résumé des ch. xvi-xviii de la IIe partie du *Discours sur l'Histoire universelle*, comme dans celles qui suivent on croit voir des traits empruntés à l'admirable chapitre xix (sur Jésus-Christ et sa doctrine), et plus encore au ch. xxv (sur la conversion des Gentils).

2. Voy. S. Paul, Ire Ép. aux Corinthiens, ch. i, verset 17 et suivants.

3. « Non in sapientia verbi, ut non evacuetur crux Christi. Verbum enim crucis, pereuntibus quidem stultitia est, iis autem qui salvi fiunt, id est nobis, Dei virtus est. » I *Cor.* i. 17-18. — Le mot *évacuer*, dans cette locution particulière, a le sens d'affaiblir, d'anéantir, comme le latin *evacuare*,

l'Évangile sur les secours de la nature. Il falloit que l'Évangile, sans préparation humaine, s'ouvrît lui-même les cœurs, et qu'il apprît au monde par ce prodige qu'il venoit de Dieu. Voilà la sagesse humaine confondue et réprouvée. Que faut-il conclure de là? Que la conversion des peuples et l'établissement de l'Église n'est point dû [1] aux raisonnements et aux discours persuasifs des hommes. Ce n'est pas qu'il n'y ait eu de l'éloquence et de la sagesse dans la plupart de ceux qui ont annoncé Jésus-Christ; mais ils ne se sont point confiés à cette sagesse et à cette éloquence, mais ils ne l'ont point recherchée comme ce qui devoit donner de l'efficace [2] à leurs paroles. Tout a été fondé, comme dit saint Paul, non sur les discours persuasifs de la philosophie humaine, mais sur les effets de l'esprit et de la vertu de Dieu, c'est-à-dire, sur les miracles qui frappoient les yeux, et sur l'opération intérieure de la grace.

C. C'est donc, selon vous-même, évacuer la croix du Sauveur, que de se fonder sur la sagesse et sur l'éloquence humaine en prêchant.

A. Oui, sans doute. Le ministère de la parole est tout fondé sur la foi. Il faut prier, il faut purifier son cœur [3], il faut attendre tout du ciel, il faut s'armer du

---

qui signifie proprement vider; il a été employé au même sens que dans ce passage de la Vulgate par Tertullien, S. Jérôme, Ennodius, etc.

1. Négligence grammaticale déjà remarquée plusieurs fois (voy. p. 9, note 1). L'édition de 1718 a le participe au féminin; celles de 1787 et de 1824 ont fait la correction, *ne sont point dus.*

2. Substantif fort usité alors, principalement dans le style théologique, pour dire, efficacité, action efficace, du latin *efficacia.* Ce mot a cessé d'être employé, parce qu'il se confond avec l'adjectif semblable. Corneille s'en est servi dans *Polyeucte,* a. 1, sc. 1 :

> Il est toujours tout juste et tout bon; mais sa grace
> Ne descend pas toujours avec même *efficace.*

3. Voy. S. Augustin, *de Doctr. christ.* IV, xv, 32. — On sait que Bossuet, pour ses sermons à peine préparés, s'inspirait surtout par la méditation de l'Écriture et par la prière. Fénelon faisait de même. « Tous ses sermons, dit Ramsay, étoient faits de l'abondance de son cœur. Il ne les écrivoit point; il ne les préméditoit presque pas. Il se contentoit de se renfermer dans son

glaive de la parole de Dieu, et ne compter point sur la sienne : voilà la préparation essentielle. Mais quoique le fruit intérieur de l'Évangile ne soit dû qu'à la pure grace, et à l'efficace de la parole de Dieu, il y a pourtant certaines choses que l'homme doit faire de son côté [1].

C. Jusqu'ici vous avez bien parlé ; mais vous allez, je le vois bien, rentrer dans vos premiers sentiments.

A. Je ne pense pas en être sorti. Ne croyez-vous pas que l'ouvrage de notre salut dépend de la grace ?

C. Oui, cela est de foi.

A. Vous reconnoissez néanmoins qu'il faut de la prudence pour choisir certains genres de vie, et pour fuir les occasions dangereuses. Ne voulez-vous pas qu'on veille et qu'on prie ? Quand on aura veillé et prié, aura-t-on évacué le mystère de la grace ? non, sans doute. Nous devons tout à Dieu ; mais Dieu nous assujettit à un ordre extérieur de moyens humains. Les Apôtres n'ont point cherché la vaine pompe et les graces frivoles des orateurs païens ; ils ne se sont point attachés aux raisonnements subtils des philosophes, qui faisoient tout dépendre de ces raisonnements dans lesquels ils s'évaporoient [2], comme dit saint Paul. Ils se sont contentés de prêcher Jésus-Christ avec toute la force et toute la magnificence du langage de l'Écriture. Il est vrai qu'ils n'avoient besoin d'aucune préparation pour

cabinet pour puiser dans l'oraison toutes ses lumières ; etc. » *Hist. de la vie et des ouvrages de Fénelon* (1727), p. 87.

1. Rollin dit, d'après S. Augustin : « Comme on ne laisse pas d'employer les remèdes naturels que prescrit la medecine, quoiqu'on sache que leur effet dépend uniquement de Dieu, à qui il a plu d'y attacher la guérison ordinaire des maladies, sans pourtant s'y astreindre lui-même : ainsi l'orateur chrétien peut et doit mettre en usage tous les moyens, tous les secours que lui fournit la rhétorique, mais sans y mettre sa confiance, et etant bien persuadé qu'en vain il parlera aux oreilles, si Dieu ne parle aux cœurs. » *Tr. des Etudes*, l. IV, ch. II, art. I, § 3.

2. « Evanuerunt in cogitationibus suis, et obscuratum est insipiens cor eorum. » *Ep. aux Romains*, ch. I, v. 21. Mme de Sévigné disait, lors des disputes sur la Grace : « Épaississez-moi un peu la religion, qui s'évapore toute à force d'être subtilisée. »

ce ministère, parce que le Saint-Esprit descendu visiblement sur eux leur donnoit à l'heure même des paroles. La différence qu'il y a donc entre les Apôtres et leurs successeurs, est que leurs successeurs, n'étant pas inspirés miraculeusement comme eux, ont besoin de se préparer et de se remplir de la doctrine et de l'esprit des Écritures pour former leurs discours [1]. Mais cette préparation ne doit jamais tendre à parler moins simplement que les Apôtres. Ne serez-vous pas content pourvu que [2] les prédicateurs ne soient pas plus ornés dans leurs discours que saint Pierre, saint Paul, saint Jacques, saint Jude et saint Jean?

C. Je conviens que je le dois être; et j'avoue que l'Éloquence ne consistant, comme vous le dites, que dans l'ordre et dans la force des paroles par lesquelles on persuade et on touche, elle ne me scandalise plus comme elle le faisoit. J'avois toujours pris l'Éloquence pour un art entièrement profane.

A. Deux sortes de gens en ont cette idée: les faux orateurs, et nous avons vu combien ils s'égarent en cherchant l'Éloquence dans une vaine pompe de paroles; les gens de bien qui ne sont pas assez instruits, et pour ceux-là, vous voyez que, renonçant par humilité à l'Éloquence, comme à un faste de paroles, ils

1. Arnauld parle à peu près de même dans ses *Réflexions sur l'Eloquence des Prédicateurs*, mais en faisant la part un peu plus large à l'éloquence humaine : « On ne peut pas, dit-il, donner pour règle aux prédicateurs de ce temps-ci, de ne pas employer d'éloquence dans leurs sermons, de ce que saint Paul dit ne s'en être pas servi en prêchant aux Corinthiens. Car on reconnoit sans peine qu'on se peut passer de l'Eloquence, quand on peut prouver la vérité de ce que l'on prêche par des guérisons miraculeuses, et par des communications des dons du Saint-Esprit accompagnées de signes sensibles, comme elles l'étoient dans les premiers temps, où il s'agissoit d'établir la foi parmi toutes les nations. Mais les prédicateurs de ce temps-ci ne sont plus dans cet état; ils trouvent la foi toute fondée, et n'ont pas besoin pour l'établir d'avoir les dons des miracles. Leur principale fonction est de persuader aux chrétiens de vivre selon leur foi, et c'est pour les y porter que S. Augustin a fort bien jugé qu'ils ne devoient pas négliger les secours qu'ils pouvoient tirer de l'éloquence humaine. » (P. 34.) Comparez, dans le Panégyrique de S. Paul, par Bossuet, la fin du premier point, et divers passages de son beau sermon *sur la parole de Dieu.*

2. Voyez p. 15, note 1.

cherchent néanmoins l'éloquence véritable , puisqu'ils s'efforcent de persuader et de toucher.

C. J'entends maintenant tout ce que vous dites : mais revenons à l'éloquence de l'Écriture.

A. Pour la sentir, rien n'est plus utile que d'avoir le goût de la simplicité antique ; surtout la lecture des anciens Grecs sert beaucoup à y réussir. Je dis des anciens ; car les Grecs que les Romains méprisoient tant avec raison , et qu'ils appeloient *Græculi*[1], avoient entièrement dégénéré. Comme je vous le disois hier[2], il faut connoître Homère, Platon, Xénophon et les autres des anciens temps. Après cela l'Écriture ne vous surprendra plus[3]; ce sont presque les mêmes coutumes , les mêmes narrations, les mêmes images des grandes choses , les mêmes mouvements. La différence qui est entre eux est toute entière à l'honneur de l'Écriture. Elle les surpasse tous infiniment en naïveté, en vivacité, en grandeur[4]. Jamais Homère même n'a approché de la sublimité de Moïse dans ses Cantiques, particulièrement le dernier, que tous les enfants des Israélites devoient apprendre par cœur[5]. Jamais nulle ode grecque

---

1. On trouve ces mots dans une phrase du *de Oratore* (I, XXII) : *tanquam alicui Græculo otioso et loquaci.* Juvénal, dans sa IIIe Satire, v. 73 et suivants, fait de ces Grecs dégénérés un portrait peu flatté : là est le trait si connu : *Græculus esuriens in cœlum, jusseris, ibit,* et un peu après, *Natio comœda est,* etc.

2. Voy. IIe Dialogue, p. 86.

3. « Les mœurs antiques qu'Homère et Hésiode nous représentent, et les vestiges qu'ils gardent encore, avec beaucoup de grandeur, de l'ancienne simplicité. ne servent pas peu à nous faire entendre les antiquités beaucoup plus reculées, et la divine simplicité de l'Écriture. » BOSSUET, *Disc. sur l'Hist. universelle,* Ire partie, VIe époque.

4. Sur l'éloquence et la poésie de l'Écriture, comparez les diverses Préfaces des commentaires latins ou français sur la Bible, composés par Bossuet (Œuvres complètes , édit. de Versailles, t. I et suivants) : Fleury, *Mœurs des Israélites,* IIe partie, n. XI, ainsi que ses discours *sur la Poesie des Hebreux,* et sur *l'Écriture sainte.* et enfin dans le *Traite des Etudes* de Rollin, le chapitre IIIe du l. IV, *De l'eloquence de l'Ecriture sainte.* Voir aussi la *Lettre à l'Académie,* sect. V, p. 54.

5. Sur les premiers cantiques des Hébreux, et sur ceux de Moïse, voyez Bossuet, *Hist. universelle,* IIe partie, ch. III, et *Dissertatio de Psalmis,* I, IV. Le dernier Cantique est celui qui commence ainsi : « Audite, cœli, quæ loquor, audiat terra verba oris mei, etc. » (*Deutéronome,* ch. XXXII.)

ou latine n'a pu atteindre à la hauteur des Psaumes[1]. Par exemple, celui qui commence ainsi, *Le Dieu des Dieux, le Seigneur a parlé, et il a appelé la terre*[2], surpasse toute imagination humaine. Jamais Homère, ni aucun autre poète, n'a égalé Isaïe peignant la majesté de Dieu, aux yeux duquel les royaumes ne sont qu'un grain de poussière, l'univers qu'une tente qu'on dresse aujourd'hui et qu'on enlevera demain[3]. Tantôt ce prophète a toute la douceur et toute la tendresse d'une églogue, dans les riantes peintures qu'il fait de la paix[4]; tantôt il s'élève jusqu'à laisser tout au-dessous de lui[5]. Mais qu'y a-t-il dans l'antiquité profane de comparable au tendre Jérémie déplorant les maux de son peuple[6], ou à Nahum voyant de loin en esprit tomber la superbe Ninive sous les efforts d'une armée innombrable[7]? On croit voir cette armée, on croit entendre le bruit des armes et des chariots; tout est dépeint d'une manière vive qui saisit l'imagination. Il laisse Homère loin derrière lui. Lisez encore Daniel dénonçant à Balthasar la vengeance de Dieu toute prête à fondre sur lui[8], et cherchez dans les plus sublimes originaux de l'antiquité quelque chose qu'on puisse comparer à ces endroits-là. Au reste, tout se soutient dans l'Écriture; tout y garde le caractère qu'il doit avoir,

---

1. Voyez tout le chapitre II de la dissertation de Bossuet *de Psalmis.*

2. Psaume XLIX.

3. « Ecce gentes quasi stilla situlæ, et quasi momentum stateræ reputatæ sunt : ecce insulæ quasi pulvis exiguus. » Ch. XL, v. 15. — « Agitatione agitabitur terra sicut ebrius, et auferetur quasi tabernaculum unius noctis. » Ch. XXIV, v. 20.

4. Voy. ch. XI.

5. Comme au chap. VI, où il raconte qu'il a vu Dieu dans toute sa gloire : « In anno quo mortuus est rex Ozias, vidi Dominum sedentem super solium excelsum et elevatum ; et ea quæ sub ipso erant replebant templum. Seraphim stabant super illud, etc. » M. de Lamartine a imité ce beau passage d'Isaïe dans sa XXXe *Méditation poétique.*

6. Voyez le ch. IX de la *Prophétie*, et les cinq chapitres des *Thrènes* ou *Lamentations.*

7. Ch. II et III. On peut comparer à cet endroit de la prophétie de Nahum le premier chœur de la tragédie des *Sept devant Thèbes* d'Eschyle.

8. Dans le ch. V.

l'histoire, le détail des lois, les descriptions, les endroits véhéments, les mystères, les discours de morale. Enfin, il y a autant de différence entre les poètes profanes et les Prophètes qu'il y en a entre le véritable enthousiasme et le faux. Les uns, véritablement inspirés, expriment sensiblement quelque chose de divin ; les autres, s'efforçant de s'élever au-dessus d'euxmêmes, laissent toujours voir en eux la foiblesse humaine. Il n'y a que le second Livre des Machabées, le Livre de la Sagesse, surtout à la fin, et celui de l'Ecclésiastique, surtout au commencement, qui se sentent de l'enflure du style que les Grecs, alors déjà déchus, avoient répandu dans l'Orient, où leur langue s'étoit établie avec leur domination [1]. Mais j'aurois beau vouloir vous parler de ces choses, il faut les lire pour les sentir.

B. Il me tarde d'en faire l'essai. On devroit s'appliquer à cette étude plus qu'on ne fait [2].

C. Je m'imagine bien que l'Ancien-Testament est écrit avec cette magnificence et ces peintures vives dont vous nous parlez. Mais vous ne dites rien de la simplicité des paroles de Jésus-Christ.

A. Cette simplicité de style est tout-à-fait du goût antique, elle est conforme et à Moïse, et aux Prophètes, dont il prend assez souvent les expressions. Mais quoique simple et familier, il est sublime et figuré en bien des endroits. Il seroit aisé de montrer en détail, les livres à la main, que nous n'avons point de prédicateur en notre siècle qui ait été aussi figuré dans ses sermons les plus préparés, que Jésus-Christ l'a été dans ses prédications populaires [3]. Je ne parle point de

---

1. Voy. Bossuet, *Præf. in libr. Sapientiæ*, et *Præf. in Ecclesiasticum.*

2. Le personnage *B* n'a pas dit un mot depuis le commencement de cette discussion, comme un homme qui en effet n'a rien a dire sur ces matières d'érudition, et qui n'y a jamais songé. Cette phrase est l'aveu naïf de son ignorance.

3. Voyez le *Sermon sur la montagne,* dans S. Matthieu, ch. v-vii ; les

ses discours rapportés par saint Jean, où presque tout est sensiblement divin[1] ; je parle de ses discours les plus familiers, écrits par les autres Évangélistes. Les Apôtres ont écrit de même, avec cette différence, que Jésus-Christ, maître de sa doctrine, la distribue tranquillement. Il dit ce qu'il lui plaît, et il le dit sans aucun effort. Il parle du royaume et de la gloire céleste, comme de la maison de son père. Toutes ces grandeurs qui nous étonnent lui sont naturelles ; il y est né, et il ne dit que ce qu'il voit, comme il nous l'assure lui-même. Au contraire les Apôtres succombent sous le poids des vérités qui leur sont révélées ; ils ne peuvent exprimer tout ce qu'ils conçoivent : les paroles leur manquent. De là viennent ces transpositions, ces expressions confuses, ces liaisons de discours qui ne peuvent finir. Toute cette irrégularité de style marque dans saint Paul, et dans les autres Apôtres, que l'esprit de Dieu entraînoit le leur. Mais nonobstant ces petits désordres pour la diction, tout y est noble, vif et touchant. Pour l'Apocalypse, on y trouve la même magnificence et le même enthousiasme que dans les Prophètes[2]. Les expressions sont souvent les mêmes, et quelquefois ce rapport fait qu'ils s'aident mutuellement à être entendus. Vous voyez donc que l'éloquence n'appartient pas seulement aux livres de l'Ancien-Testament, mais qu'elle se trouve aussi dans le Nouveau.

Paraboles, ch. XIII (S. Marc, ch. IV ; S. Luc, ch. VIII) ; le *Discours contre les Docteurs*, ch. XXIII ; etc.

1. Voyez la Préface de l'Évangile de S. Jean, dans le Nouveau-Testament de l'édition de Mons.

2. « Toutes les beautés de l'Écriture sont ramassées dans ce livre ; tout ce qu'il y a de plus touchant, de plus vif, de plus majestueux dans la Loi et dans les Prophètes y reçoit un nouvel éclat, et repasse devant nos yeux pour nous remplir des consolations et des graces de tous les siècles... Il ne faut pas s'imaginer que S. Jean soit seulement un imitateur des Prophètes ses prédécesseurs : tout ce qu'il en allègue, il le relève ; il y fait trouver l'original même de toutes les prophéties, qui n'est autre que Jésus-Christ et son Eglise. Poussé du même instinct qui animoit les Prophètes, il en pénètre l'esprit, il en détermine le sens, il en révèle les obscurités, et il y fait éclater la gloire de Jésus-Christ tout entière. » BOSSUET, *Préf. de l'Apocalypse*, n. I et II.

C. Supposé que l'Écriture soit éloquente, qu'en voulez-vous conclure?

A. Que ceux qui doivent la prêcher peuvent sans scrupule imiter ou plutôt emprunter son éloquence[1].

C. Aussi en choisit-on les passages qu'on trouve les plus beaux.

A. C'est défigurer l'Écriture que de ne la faire connoître aux Chrétiens que par passages détachés. Ces passages, tout beaux qu'ils sont, ne peuvent seuls faire sentir toute leur beauté, quand on n'en connoît point la suite : car tout est suivi dans l'Écriture, et cette suite est ce qu'il y a de plus grand et de plus merveilleux. Faute de la connoître, on prend ces passages à contresens; on leur fait dire tout ce qu'on veut, et on se contente de certaines interprétations ingénieuses, qui, étant arbitraires, n'ont aucune force pour persuader les hommes, et pour redresser leurs mœurs[2].

B. Que voudriez-vous donc des prédicateurs? qu'ils ne fissent que suivre le texte de l'Écriture?

A. Attendez : au moins je voudrois que les prédicateurs ne se contentassent pas de coudre ensemble des passages rapportés. Je voudrois qu'ils expliquassent les principes et l'enchaînement de la doctrine de l'Écriture.

1. « Le prédicateur évangélique est celui qui fait parler Jésus-Christ; mais il ne lui fait pas tenir un langage d'homme : il craint de donner un corps étranger à sa vérité éternelle. C'est pourquoi il puise tout dans les Écritures; il en emprunte même les termes sacrés, non seulement pour fortifier, mais pour embellir son discours. Dans le désir qu'il a de gagner les ames, il ne cherche que les choses et les sentiments. Ce n'est pas, dit saint Augustin, qu'il néglige quelques ornements de l'élocution, quand il les rencontre en passant, et qu'il les voit comme fleurir devant lui par la force des bonnes pensées qui les poussent; mais aussi n'affecte-t-il pas de s'en trop parer, et tout appareil lui est bon, pourvu qu'il soit un miroir où Jésus-Christ paroisse en sa vérité, un canal d'où sortent en leur pureté les eaux vives de son Évangile, ou s'il faut quelque chose de plus animé, un interprète fidèle qui n'altère, ni ne détourne, ni ne mêle, ni n'affoiblisse sa sainte parole. » BOSSUET, *Sermon sur la parole de Dieu,* 1er point.

2. Critique très-fondée des prédicateurs qui ne font qu'un usage stérile de l'Écriture et des Pères, par des citations courtes, sans suite, et souvent ajustées d'une manière forcée au discours du moment. Bourdaloue lui-même n'est pas exempt de ce reproche, bien moins applicable à Bossuet et à Fénelon. Leur manière de prêcher est clairement expliquée dans ce qui suit, et opposée à celle de Bourdaloue, qui avait généralement prévalu.

Je voudrois qu'ils en prissent l'esprit, le style et les figures ; que tous leurs discours servissent à en donner l'intelligence et le goût. Il n'en faudroit pas davantage pour être éloquent[1] : car ce seroit imiter le plus parfait modèle de l'Éloquence.

B. Mais pour cela il faudroit donc, comme je vous disois, expliquer de suite le texte ?

A. Je ne voudrois pas y assujettir tous les prédicateurs. On peut faire des sermons sur l'Écriture, sans expliquer l'Écriture de suite. Mais il faut avouer que ce seroit tout autre chose, si les pasteurs, suivant l'ancien usage, expliquoient de suite les saints Livres au peuple. Représentez-vous quelle autorité auroit un homme qui ne diroit rien de sa propre invention[2], et qui ne feroit que suivre et expliquer les pensées et les paroles de Dieu même. D'ailleurs il feroit deux choses à la fois : en expliquant les vérités de l'Écriture, il en expliqueroit le texte, et accoutumeroit les Chrétiens à joindre toujours le sens et la lettre. Quel avantage pour les accoutumer à se nourrir de ce pain sacré ! Un auditoire qui auroit déja entendu expliquer toutes les principales choses de l'ancienne Loi, seroit bien autrement en état de profiter de l'explication de la nouvelle, que

1. Ce trait est charmant : Fénelon a l'air de regarder la chose comme toute simple ; mais cette connaissance de l'Écriture, cette manière de s'en pénétrer en l'expliquant, est ce qu'il y a de plus difficile et de plus rare. C'est la vraie prédication chrétienne ; c'était celle des premiers siècles, si puissante dans sa nudité. Bien peu de prédicateurs sont assez nourris de l'Écriture, et assez instruits du fond même de la religion, pour oser seulement essayer de ce genre. La réponse de *B* montre un homme effrayé de la difficulté d'une pareille tâche, et ce que *C* ajoute a son tour fait voir que Fénelon ne s'y trompait point. La Bruyère dit avec non moins d'esprit et de justesse : « Le prédicateur n'a besoin que d'une noble simplicité : mais il faut l'atteindre : talent rare, et qui passe les forces du commun des hommes ; ce qu'ils ont de génie, d'imagination, d'érudition et de mémoire, ne leur sert souvent qu'à s'en éloigner. » (*De la Chaire*, n. XXVI.)

2. De manière que ce fût toujours la parole de Dieu, et non la parole et l'invention des hommes, comme il est dit un peu plus loin. Il ne faut point prendre cette pensée trop à la lettre ; Fénelon veut dire sans doute que, même avec les plus brillantes facultés, on peut s'assujettir, en prêchant, à une explication simple, mais vive et animée, de la parole de Dieu : son propre exemple et celui de Bossuet le prouvent. De même pour les écrits théologiques.

ne le sont la plupart des Chrétiens d'aujourd'hui. Le prédicateur dont nous parlions tantôt[1] a ce défaut parmi de grandes qualités, que ses sermons sont de beaux raisonnements sur la Religion, et qu'ils ne sont point la Religion même : on s'attache trop aux peintures morales, et on n'explique pas assez les principes de la doctrine évangélique[2].

C. C'est qu'il est bien plus aisé de peindre les désordres du monde, que d'expliquer solidement le fond du

1. C'est-à-dire, dans le Dialogue précédent; il fallait donc mettre *hier*, comme plus haut, p. 90.

2. Il s'agit encore de Bourdaloue, comme dans le IIe Dialogue, p. 65. Fénelon s'en prend de nouveau à lui, comme au créateur d'un genre de prédication tout opposé à celui qu'il recommande, et alors en possession d'une vogue qui entraînait tout. Quelques témoignages contemporains feront bien connaître quel était le succès de ces peintures morales et de ces portraits, auxquels Bourdaloue s'était adonné le premier. Mme de Sévigné écrit à sa fille, le 25 décembre 1671 : « Je m'en vais en Bourdaloue; on dit qu'il s'est mis à dépeindre les gens, et que l'autre jour il fit trois points de la retraite de Troisville; il n'y manquoit que le nom, mais il n'en etoit pas besoin : avec tout cela, on dit qu'il passe toutes les merveilles passées, et que personne n'a prêché jusqu'ici » La Bruyère, dans le chapitre *de la Chaire* (n. IV et V), dit : « Les citations profanes, les froides allusions, le mauvais pathétique, les antithèses, les figures outrées, ont fini ; les portraits finiront et feront place à une simple explication de l'Évangile, jointe aux mouvements qui inspirent la conversion... Depuis trente années, on prête l'oreille aux rhéteurs, aux déclamateurs, aux *énumérateurs* : on court ceux qui peignent en grand ou en miniature. » Et un peu plus loin (n. XXV, comparant Bossuet et Bourdaloue : « Tous deux, maitres dans l'éloquence de la chaire, ont eu le destin des grands modèles : l'un a fait de mauvais censeurs, l'autre de mauvais copistes. » Enfin l'abbé d'Olivet ecrivait au commencement du siècle suivant, dans son *Histoire de l'Académie françoise* (édit. de 1730, p. 355) : « Tout est mode en France : les *Caractères* de La Bruyère n'eurent pas plutôt paru, que chacun se mêla d'en faire; et je me souviens que dans ma jeunesse c'étoit la fureur des prédicateurs, mauvaises copies du P. Bourdaloue. Ce grand orateur, le premier qui ait réduit parmi nous l'eloquence à n'être que ce qu'elle doit être, je veux dire, à être l'organe de la raison et l'école de la vertu, n'avoit pas seulement banni de la chaire les *concetti*, productions d'un esprit faux, mais encore les matières vagues et de pure spéculation, amusements d'un esprit oisif. Pour aller droit a la réformation des mœurs, il commençoit toujours par établir sur des principes bien liés et bien déduits une proposition morale : et après, de peur que l'auditeur ne se fît point l'application de ces principes, il la faisoit lui-même par un détail merveilleux, où la vie des hommes étoit peinte au naturel. Or ce détail étant ce qu'il y avoit de plus neuf, et ce qui par conséquent frappa d'abord le plus dans le P. Bourdaloue, ce fut aussi ce que les jeunes prédicateurs tâchèrent le plus d'imiter. On ne vit que portraits, que caractères dans leurs sermons. Ils ne songèrent pas que dans le P. Bourdaloue ces peintures de mœurs viennent toujours ou comme preuves, ou comme conséquences, que sans cela elles y seroient hors d'œuvre, et qu'un sermon qui n'est qu'un tissu de caractères ne prouve rien. De l'accessoire ils en firent le principal, et d'une très-petite partie le tout. »

Christianisme. Pour l'un, il ne faut que de l'expérience du commerce du monde, et des paroles ; pour l'autre, il faut une sérieuse et profonde méditation des saintes Écritures. Peu de gens savent assez toute la Religion pour la bien expliquer [1]. Tel fait des sermons qui sont beaux, qui ne sauroit faire un catéchisme solide, encore moins une homélie [2].

A. Vous avez mis le doigt sur le but : aussi la plupart des sermons sont-ils des raisonnements de philosophes. Souvent on ne cite l'Écriture qu'après coup, par bienséance, ou pour l'ornement. Alors ce n'est plus la parole de Dieu ; c'est la parole et l'invention des hommes.

C. Vous convenez bien que ces gens-là travaillent à évacuer la croix de Jésus-Christ.

A. Je vous les abandonne [3]. Je me retranche à l'éloquence de l'Écriture, que les prédicateurs évangéliques doivent imiter. Ainsi nous sommes d'accord, pourvu que vous n'excusiez pas certains prédicateurs zélés, qui, sous prétexte de simplicité apostolique, n'étudient solidement ni la doctrine de l'Écriture, ni la manière merveilleuse dont Dieu nous y a appris à persuader les hommes. Ils s'imaginent qu'il n'y a qu'à crier, et qu'à parler souvent du Diable et de l'Enfer. Sans doute il faut frapper les peuples par des images vives et terribles ; mais c'est dans l'Écriture qu'on apprendroit à faire ces grandes impressions. On y apprendroit aussi admirablement la manière de rendre les instructions sensibles et populaires, sans leur faire perdre la gravité et la force qu'elles doivent avoir. Faute de ces con-

---

1. Voy. p. 65, 74, 89, et les notes.

2. Du grec ὁμιλία, *conférence*, explication familière de l'Écriture, comme sont les *Homélies* de S. Jean Chrysostome, de S. Basile, etc. Voy. Fleury, *Discours sur la Prédication*, n. iv, et *Mœurs des Chrétiens*, IIIᵉ partie, n. vii.

3. Sans doute cette parole ne s'appliquait pas dans la pensée de Fénelon à Bourdaloue lui-même, mais seulement à ces *mauvais copistes* dont parle La Bruyère.

noissances, on ne fait souvent qu'étourdir le peuple. Il ne lui reste dans l'esprit guère de vérités distinctes, et les impressions de crainte même ne sont pas durables. Cette simplicité qu'on affecte n'est quelquefois qu'une ignorance et une grossièreté qui tente Dieu. Rien ne peut excuser ces gens-là, que la droiture de leurs intentions. Il faudroit avoir long-temps étudié et médité les saintes Écritures, avant que de prêcher. Un prêtre qui les sauroit bien solidement, et qui auroit le talent de parler, joint à l'autorité du ministère et du bon exemple, n'auroit pas besoin d'une longue préparation pour faire d'excellents discours [1]. On parle aisément des choses dont on est plein et touché. Surtout une matière comme celle de la Religion fournit de hautes pensées, et excite de grands sentiments : voilà ce qui fait la vraie éloquence. Mais il faudroit trouver dans un prédicateur un père qui parlât à ses enfants avec tendresse, et non un déclamateur qui prononçât avec emphase. Ainsi il seroit à souhaiter qu'il n'y eût communément que les pasteurs [2] qui donnassent la pâture aux troupeaux selon leurs besoins. Pour cela, il ne faudroit d'ordinaire choisir pour pasteurs que des prêtres qui eussent le don de la parole. Il arrive au contraire deux maux : l'un, que les pasteurs muets ou qui parlent sans talent sont peu estimés ; l'autre, que la fonction de prédicateur volontaire attire dans cet emploi je ne sais combien d'esprits vains et ambitieux [3]. Vous savez que le ministère de la parole a été réservé aux évêques pendant plusieurs siècles, surtout en Occident. Vous connoissez l'exemple de saint Augustin, qui, contre la règle commune, fut engagé, n'étant encore que prêtre, à prêcher, parce que Valerius, son prédécesseur, étoit

---

1. On a vu dans le Ier Dialogue (p. 42) que Fénelon veut pour le prédicateur une préparation générale qui rende les préparations particulières très-faciles. Comparez un passage du IIe Dialogue, p. 69-70.

2. C'est-à-dire, les évêques et les curés. Voy. p. 120.

3. Voyez le Ier Dialogue, p. 15 et 32.

un étranger qui ne parloit pas facilement[1]. Voilà le commencement de cet usage en Occident. En Orient on commença plus tôt à faire prêcher les prêtres. Les sermons que saint Chrysostome, n'étant que prêtre, fit à Antioche, en sont une marque[2].

C. Je suis persuadé de cela comme vous. Il ne faudroit communément laisser prêcher que les pasteurs. Ce seroit le moyen de rendre à la chaire la simplicité et l'autorité qu'elle doit avoir ; car les pasteurs qui joindroient à l'expérience du travail et de la conduite des ames la science des Écritures, parleroient d'une manière bien plus convenable aux besoins de leurs auditeurs[3] ; au lieu que les prédicateurs qui n'ont que la spéculation entrent bien moins dans les difficultés, ne se proportionnent guère aux esprits, et parlent d'une manière plus vague, outre la grace attachée à la voix du pasteur[4]. Voilà des raisons sensibles pour préférer ses sermons à ceux des autres. A quel propos tant de prédicateurs jeunes[5], sans expérience, sans science, sans sainteté ? Il vaudroit bien mieux avoir moins de sermons, et en avoir de meilleurs.

B. Mais il y a beaucoup de prêtres qui ne sont point pasteurs, et qui prêchent avec beaucoup de fruit. Combien y a-t-il même de religieux qui remplissent dignement les chaires[6] !

---

1. V. Fleury, *II* *Discours sur l'Histoire ecclésiastique*, n. v, et M. Villemain, *Tabl. de l'éloquence chretienne* (edit. de 1849, p. 438.

2. Voy. M. Villemain, *ibid.* p. 163.

3. « Il n'y a guère lieu d'espérer que la prédication se puisse rétablir que par ceux par qui elle a commencé, c'est-à-dire, par les pasteurs. Des prédicateurs étrangers qui prêchent en passant dans une église d'emprunt n'auront jamais assez d'autorité pour prêcher facilement ; et ils ne peuvent entreprendre des instructions suivies comme celui qui est attaché à une certaine église, ni entrer dans le détail des mœurs, comme celui qui connoit le besoin de son troupeau. » FLEURY, *Disc. sur la Prédication.* n. VII.

4. Expression délicate et touchante, comparable à ce qui se lit un peu plus haut : « Il faudroit trouver dans un prédicateur un père qui parlàt à ses enfants. » Un pareil langage ajoute singulièrement de force aux arguments ; ce sont là, en effet, des *raisons sensibles.*

5. Voy. dans le I*er* Dialogue, p. 43, note 4.

6. Parmi les prédicateurs célèbres du siècle de Louis XIV, Bourdaloue,

C. J'en conviens. Aussi voudrois-je les faire pasteurs. Ce sont ces gens-là qu'il faudroit établir malgré eux [1] dans les emplois à charge d'ames. Ne cherchoit-on pas autrefois parmi les solitaires ceux qu'on vouloit élever sur le chandelier de l'Église [2]?

A. Mais ce n'est pas à nous à régler la discipline ; chaque temps a ses coutumes, selon les conjonctures. Respectons, Monsieur, toutes les tolérances de l'Église ; et sans aucun esprit de critique, achevons de former selon notre idée un vrai prédicateur.

C. Il me semble que je l'ai déja toute entière, sur les choses que vous avez dites.

A. Voyons ce que vous en pensez.

C. Je voudrois qu'un homme eût étudié solidement, pendant sa jeunesse, tout ce qu'il y a de plus utile dans la poésie et dans l'éloquence grecque et latine.

A. Cela n'est pas nécessaire. Il est vrai que, quand on a bien fait ces études, on en peut tirer un grand fruit pour l'intelligence même de l'Écriture [3], comme saint Basile l'a montré dans un traité qu'il a fait exprès sur ce sujet [4]. Mais après tout on peut s'en passer. Dans les premiers siècles de l'Église, on s'en passoit effectivement. Ceux qui avoient étudié ces choses lorsqu'ils étoient dans le siècle, en tiroient de grands avantages pour la Religion lorsqu'ils étoient pasteurs ; mais on ne permettoit pas à ceux qui les ignoroient de les appren-

---

Cheminais, le P. Gaillard, le P. La Rue, appartenaient à l'ordre des Jésuites ; Mascarou, Massillon, à l'Oratoire ; le P. Séraphin, aux Capucins, etc. Bossuet, Fléchier, Fénelon, étaient du clergé séculier.

1. Comme dans la primitive Église, en ce temps où les Augustin et les Chrysostome se cachaient dans la retraite, ou s'enfuyaient au désert, pour ne pas être évêques.

2. Expression assez commune chez les écrivains religieux, pour dire, mettre en vue, élever aux grands emplois dans l'Église.

3. V. Fleury, *IIe Disc. sur l'Hist. ecclésiastique*, n. XIII et XVII, et *Traité du choix et de la méthode des Études*, Ire partie, ch. IV.

4. S. Basile, *De la lecture des livres des Payens*. (Note de l'édit. de 1718.) — Voyez ce traité dans le *Choix des Pères grecs* de M. de Sinner, et ce qu'en disent Rollin (*Tr. des Études*, l. II, ch. I, art. III), et M. Villemain (*Tabl. de l'éloq. chrétienne*, p. 130).

dre, lorsqu'ils étoient déjà engagés dans l'étude des saintes Lettres[1]. On étoit persuadé que l'Écriture suffisoit. De là vient ce que vous voyez dans les Constitutions Apostoliques[2], qui exhortent les fidèles à ne lire point les auteurs païens. Si vous voulez de l'histoire, dit ce livre, si vous voulez des lois, des préceptes moraux, de l'éloquence, de la poésie, vous trouverez tout dans les Écritures. En effet on n'a pas besoin, comme nous l'avons vu, de chercher ailleurs ce qui peut former le goût et le jugement pour l'Éloquence même. Saint Augustin dit que plus on est pauvre de son propre fonds, plus on doit s'enrichir dans ces sources sacrées; et qu'étant par soi-même trop petit pour exprimer de si grandes choses, on a besoin de croître par cette autorité de l'Écriture[3]. Mais je vous demande pardon de vous avoir interrompu. Continuez, s'il vous plaît, Monsieur.

C. Hé bien! contentons-nous de l'Écriture. Mais n'y ajouterons-nous pas les Pères?

A. Sans doute : ils sont les canaux de la tradition. C'est par eux que nous découvrons la manière dont l'Église a interprété l'Écriture dans tous les siècles[4].

C. Mais faut-il s'engager à expliquer toujours tous les passages suivant les interprétations qu'ils leur ont données? Il me semble que souvent l'un donne un sens

---

1. Voy. S. Augustin, *de Doctr. christ.* II, xxxix, 58.

2. C'est un recueil de réglements attribués aux Apôtres. Tous les savants conviennent que ces *Constitutions* sont supposées, et que S. Clément le Romain n'en est pas l'auteur, comme on l'avait cru. Elles sont en grec, et divisées en huit livres. Elles contiennent un grand nombre de préceptes sur les devoirs des chrétiens, et particulièrement sur les cérémonies et la discipline de l'Église. On les trouve dans le tome I de la collection des Conciles du P. Labbe, et du recueil des *Patres œvi apostolici* de Cotelier. — Le passage indiqué ici est au l. I, ch. vi.

3. « Huic qui sapienter debet dicere etiam quod non potest eloquenter, verba Scripturarum tenere maxime necessarium est. Quanto enim se pauperiorem cernit in suis, tanto eum oportet in istis esse ditiorem; ut quod dixerit suis verbis probet ex illis, et qui propriis verbis minor erat, magnorum testimonio quodammodo crescat. » *De Doctr. christ.* IV, v, 8.

4. Sur la science et l'éloquence des Pères, voy. Fleury, *IIe Disc. sur l'Hist. ecclésiastique*, n. xv et xvi.

spirituel [1], et l'autre un autre tout différent : lequel choisir? car on n'auroit jamais fait, si on vouloit les dire tous.

A. Quand on dit qu'il faut toujours expliquer l'Écriture conformément à la doctrine des Pères, c'est-à-dire, à leur doctrine constante et uniforme. Ils ont donné souvent des sens pieux qui n'ont rien de littéral, ni de fondé sur la doctrine des mystères et des figures prophétiques. Ceux-là sont arbitraires, et alors on n'est pas obligé de les suivre, puisqu'ils ne se sont pas suivis les uns les autres. Mais dans les endroits où ils expliquent le sentiment de l'Église sur la doctrine de la foi, ou sur les principes des mœurs, il n'est pas permis d'expliquer l'Ecriture en un sens contraire à leur doctrine. Voilà comment il faut reconnoître leur autorité.

C. Cela me paroît clair. Je voudrois qu'un prêtre, avant que de prêcher, connût le fond de leur doctrine, pour s'y conformer. Je voudrois même qu'on étudiât leurs principes de conduite, leurs règles de modération, et leur méthode d'instruire.

A. Fort bien, ce sont nos maîtres. C'étoient des esprits très-élevés, de grandes ames pleines de sentiments héroïques [2]; des gens qui avoient une expérience mer-

---

1. C'est-à-dire, un sens ou mystique, ou figuré, opposé au sens littéral ou matériel. Voy. p. 132 et 133, et Fleury, *IIe Discours*, n. XIV.

2. Plus loin, p. 122 : «C'étoient de grands hommes, etc.» La Bruyère, *des Esprits forts*, n. XXI : «Un Père de l'Église, un docteur de l'Église, quels noms! quelle tristesse dans leurs écrits! quelle sécheresse, quelle froide dévotion! et peut-être quelle scolastique! disent ceux qui ne les ont jamais lus. Mais plutôt quel étonnement pour tous ceux qui se sont fait une idée des Pères si éloignée de la vérité, s'ils voyoient dans leurs ouvrages plus de tour et de délicatesse, plus de politesse et d'esprit, plus de richesse d'expression et plus de force de raisonnement, des traits plus vifs et des graces plus naturelles, que l'on n'en remarque dans la plupart des livres de ce temps, qui sont lus avec goût, qui donnent du nom et de la vanité à leurs auteurs! Quel plaisir d'aimer la religion et de la voir crue, soutenue, expliquée par de si beaux génies et par de si solides esprits! surtout lorsque l'on vient à connoître que, pour l'étendue de connoissance, pour la profondeur et la pénétration, pour les principes de la pure philosophie, pour leur application et leur développement, pour la justesse des conclusions, pour la dignité du discours, pour la beauté de la morale et des sentiments, il n'y a rien, par exemple, que l'on puisse comparer à S. AUGUSTIN que PLATON et que CICÉRON. » Compar. *Lettre à l'Académie*, sect. IV, p. 37 et 51.—Sur le caractère

veilleuse des esprits et des mœurs des hommes ; qui avoient acquis une grande autorité et une grande facilité de parler. On voit même qu'ils étoient très-polis, c'est-à-dire, parfaitement instruits de toutes les bienséances, soit pour écrire, soit pour parler en public, soit pour converser familièrement, soit pour remplir toutes les fonctions de la vie civile. Sans doute tout cela devoit les rendre fort éloquents, et fort propres à gagner les hommes. Aussi trouve-t-on dans leurs écrits une politesse, non seulement de paroles, mais de sentiments et de mœurs, qu'on ne trouve point dans les écrivains des siècles suivants. Cette politesse, qui s'accorde très-bien avec la simplicité, et qui les rendoit gracieux et insinuants, faisoit de grands effets pour la Religion. C'est ce qu'on ne sauroit trop étudier en eux. Ainsi, après l'Écriture, voilà les sources pures des bons sermons.

C. Quand un homme auroit acquis ce fonds, et que ses vertus exemplaires auroient édifié l'Église, il seroit en état d'expliquer l'Évangile avec beaucoup d'autorité et de fruit. Par les instructions familières, et par les conférences, dans lesquelles on l'auroit exercé de bonne heure, il auroit acquis une liberté et une facilité suffisante pour bien parler. Je comprends encore que de telles gens étant appliqués à tout le détail du ministère, c'est-à-dire, à administrer les sacrements, à conduire les ames, à consoler les mourants et les affligés, ils ne pourroient point avoir le temps d'apprendre par cœur des sermons fort étudiés. Il faudroit que la bouche parlât selon l'abondance du cœur, c'est-à-dire, qu'elle répandît sur le peuple la plénitude de la science évangélique, et les sentiments affectueux du prédicateur[1].

de l'éloquence des Pères de l'Église et des premiers orateurs du christianisme, il faut lire aussi quelques belles pages de M. Villemain, au commencement de son *Tableau de l'éloquence chrétienne*, et dans le *Tableau du XVIIIe siècle*, XLVIIIe leçon (t. IV, p. 22-25, dans l'édit. de 1847)

1. Phrase remarquable, non seulement par le charme et la beauté des

Sur ce que vous disiez hier des sermons qu'on apprend par cœur, j'ai eu la curiosité d'aller chercher un endroit de saint Augustin que j'avois lu autrefois : en voici le sens. Il prétend que les prédicateurs doivent parler d'une manière encore plus claire et plus sensible que les autres gens, parce que la coutume et la bienséance ne permettant pas de les interroger, ils doivent craindre de ne se proportionner pas assez à leurs auditeurs. C'est pourquoi, dit-il, ceux qui apprennent leurs sermons mot à mot, et qui ne peuvent répéter et éclaircir une vérité jusqu'à ce qu'ils remarquent qu'on l'a comprise, se privent d'un grand fruit[1]. Vous voyez bien par là que saint Augustin se contentoit de préparer les choses dans son esprit, sans mettre dans sa mémoire toutes les paroles de ses sermons[2]. Quand même les règles de la vraie éloquence demanderoient quelque chose de plus, celles du ministère évangélique ne permettroient pas d'aller plus loin. Pour moi, je suis, il y a long-temps, de votre avis là-dessus. Pendant qu'il y a tant de besoins pressants dans le Christianisme; pendant que le prêtre, qui doit être l'homme de Dieu, pré-

termes, mais surtout parce qu'elle résume de la manière la plus précise la doctrine de Fénelon sur l'éloquence de la chaire, et qu'elle caractérise mieux qu'on ne l'a jamais fait son propre talent dans la prédication.

1. « Qui docet, vitabit omnia verba quæ non docent; et si pro eis alia integra, quæ intelligantur, potest dicere, id magis eliget : si autem non potest, sive quia non sunt, sive quia in præsentia non occurrunt, utetur etiam verbis minus integris, dum tamen res ipsa doceatur atque discatur integre. Et hoc quidem non solum in collocutionibus, sive fiant cum aliquo uno sive cum pluribus, verum etiam multo magis in populis quando sermo promitur, ut intelligamur instandum est. Quia in collocutionibus est cuique interrogandi potestas : ubi autem omnes tacent, etc. (V. la suite, p. 72, note 2.) » *De Doctr. christ.* IV, x, 24-25.

2. « Il paroit, dit Rollin, que dans les commencements ses sermons étoient écrits mot à mot et appris par cœur, parce qu'il avoit alors plus de temps et plus de besoin d'user de cette précaution. Dans la suite, il se contenta de chercher le sens des endroits de l'Écriture qu'il avoit dessein d'expliquer, d'approfondir les vérités qu'ils contenoient, et de trouver les passages nécessaires pour les appuyer et les éclaircir; etc. » *Tr. des Études*, l. IV, ch. II, art. I, § 2. Sur les sermons de S. Augustin, voy. Fleury, *Disc. sur la Prédication*, n. II. Il en reste près de 400 (dans le t. V de l'édit. des Bénédictins); ils ont été traduits en français par l'académicien Du Bois (Paris, 1694-1700, 4 vol. in-8).

paré à toute bonne œuvre, devroit se hâter de déraciner l'ignorance et les scandales du champ de l'Église, je trouve qu'il est fort indigne de lui qu'il passe sa vie dans son cabinet à arrondir des périodes, à retoucher des portraits, et à inventer des divisions. Car, dès qu'on s'est mis sur le pied de ces sortes de prédicateurs, on n'a plus le temps de faire autre chose [1] : on ne fait plus d'autre étude, ni d'autre travail ; encore même, pour se soulager, se réduit-on souvent à redire toujours les mêmes sermons. Quelle éloquence que celle d'un homme dont l'auditeur sait par avance toutes les expressions et tous les mouvements ! Vraiment, c'est bien là le moyen de surprendre, d'étonner, d'attendrir, de saisir et de persuader les hommes. Voilà une étrange manière de cacher l'art, et de faire parler la nature. Pour moi, je le dis franchement, tout cela me scandalise [2]. Quoi ! le dispensateur des mystères de Dieu sera-t-il un déclamateur oisif, jaloux de sa réputation, et amoureux d'une vaine pompe ? n'osera-t-il parler de Dieu à son peuple, sans avoir rangé toutes ses paroles, et appris en écolier sa leçon par cœur ?

A. Votre zèle me fait plaisir. Ce que vous dites est véritable. Il ne faut pourtant pas le dire trop fortement ; car on doit ménager beaucoup de gens de mérite, et même de piété, qui, déférant à la coutume, ou préoccupés par l'exemple, se sont engagés de bonne foi dans la méthode que vous blâmez avec raison. Mais

---

1. Quand Mme de Maintenon perdit son directeur, l'abbé Gobelin, avant de prendre Godet Desmarais, depuis évêque de Chartres, elle s'adressa quelque temps à Bourdaloue ; mais il lui déclara qu'il ne pourrait la voir que tous les six mois, *à cause de ses sermons.* On sait aussi que ce grand prédicateur répétait plusieurs fois le même discours, et l'on a retenu un mot de Louis XIV, qui disait qu'*il aimait mieux entendre ses redites que les choses nouvelles d'un autre.*

2. On peut remarquer l'adresse avec laquelle Fénelon met ses conclusions dans la bouche du personnage *C*, esprit grave et rigide, et le montre s'exprimant avec une chaleur et un zèle qui donnent lieu à l'interlocuteur principal de lui recommander plus de réserve, sans toutefois contredire ses sentiment.

j'ai honte de vous interrompre si souvent. Achevez, je vous prie.

C. Je voudrois qu'un prédicateur expliquât toute la Religion ; qu'il la développât d'une manière sensible[1] ; qu'il montrât l'institution des choses ; qu'il en marquât la suite et la tradition ; qu'en montrant ainsi l'origine et l'établissement de la Religion, il détruisît les objections des libertins[2], sans entreprendre ouvertement de les attaquer, de peur de scandaliser les simples fidèles.

A. Vous dites très-bien ; car la véritable manière de prouver la vérité de la Religion est de la bien expliquer. Elle se prouve elle-même, quand on en donne la vraie idée. Toutes les autres preuves qui ne sont pas tirées du fond et des circonstances de la Religion même, lui sont comme étrangères. Par exemple, la meilleure preuve de la création du monde, du déluge, et des miracles de Moïse, c'est la nature de ces miracles, et la manière dont l'histoire en est écrite. Il ne faut à un homme sage et sans passion que les lire, pour en sentir la vérité.

C. Je voudrois encore qu'un prédicateur expliquât assidûment et de suite[3] au peuple, outre tout le détail de l'Évangile et des mystères, l'origine et l'institution des sacrements, les traditions, les disciplines[4], l'office

---

1. Ce que Fénelon demande là est la conséquence logique de tout ce qu'il a dit depuis le commencement de ce dialogue, et dans les précédents, sur le défaut de science des prédicateurs et sur le manque d'instruction du peuple. C'est ce que lui-même avait fait dès sa jeunesse dans ses conférences à Saint-Sulpice, et ce qu'il faisait encore étant évêque. Au mois de mars 1696, il écrivait de Cambrai à Fleury : « J'ai fait ici l'ouverture du jubilé, et j'ai déjà prêché deux fois. Il me paroît que cela fait plusieurs biens : je tâche de donner aux peuples les vraies idées de la religion, qu'ils n'ont pas assez ; j'acquiers de l'autorité ; je les accoutume à des maximes qui autorisent les bons confesseurs ; enfin je donne aux prédicateurs l'exemple de ne chercher ni arrangement ni subtilité, et de parler précisément d'affaires. » Ces principes se retrouvent exactement dans le Discours de Fleury *sur la Prédication*, n. IX et X.

2. Voy. p. 49, note 3.

3. D'une manière suivie, *ordine.*

4. C'est-à-dire, les différentes règles de la discipline ecclésiastique en général, tant ancienne que nouvelle. Voy. Fleury, *IIe Discours*, n. X.

et les cérémonies de l'Église. Par là on prémuniroit les fidèles contre les objections des hérétiques ; on les mettroit en état de rendre raison de leur foi, et de toucher même ceux d'entre les hérétiques qui ne sont point opiniâtres. Toutes ces instructions affermiroient la foi, donneroient une haute idée de la Religion, et feroient que le peuple profiteroit pour son édification de tout ce qu'il voit dans l'Église ; au lieu qu'avec l'instruction superficielle qu'on lui donne, il ne comprend presque rien de tout ce qu'il voit, et il n'a même qu'une idée très-confuse de ce qu'il entend dire au prédicateur. C'est principalement à cause de cette suite d'instruction[1] que je voudrois que des gens fixes, comme les pasteurs[2], prêchassent dans chaque paroisse. J'ai souvent remarqué qu'il n'y a ni art ni science dans le monde que les maîtres n'enseignent de suite, par principes et avec méthode[3]. Il n'y a que la Religion qu'on n'enseigne point de cette manière aux fidèles. On leur donne dans l'enfance un petit catéchisme sec, et qu'ils apprennent par cœur sans en comprendre le sens ; après quoi ils n'ont plus pour instruction que des sermons vagues et détachés. Je voudrois, comme vous le disiez tantôt, qu'on enseignât aux Chrétiens les premiers éléments de leur religion, et qu'on les menât avec ordre jusqu'aux plus hauts mystères.

A. C'est ce que l'on faisoit autrefois. On commençoit par les catéchèses[4] : après quoi les pasteurs enseignoient de suite l'Évangile par des homélies[5]. Cela faisoit des Chrétiens très-instruits de toute la parole de Dieu. Vous connoissez le livre de S. Augustin *de cate-*

---

1. Dans les éditions de 1787 et de 1824, *d'instructions*, correction inutile ; *cette suite d'instruction* est pour dire, cette instruction suivie.

2. Voy. p. 111 et 112. Comparez Rollin, *Tr. des Études*, l. IV, ch. II, art. I, § 2.

3. Ce passage est cité par Rollin, *ibid.* art. II, § 1.

4. Les instructions ; en grec, κατηχήσεις.

5. Voy. Fleury, IIe *Discours sur l'Hist. ecclésiastique,* n. XIII, et *Mœurs des Chrétiens,* IIe partie, n. II.

chizandis rudibus[1]. Vous connoissez aussi le *Pédagogue*
de saint Clément, qui est un ouvrage fait pour faire
connoître aux païens qui se convertissoient les mœurs
de la philosophie chrétienne[2]. C'étoient les plus grands
hommes qui étoient employés à ces instructions[3]. Aussi
produisoient-elles des fruits merveilleux, et qui nous
paroissent maintenant presque incroyables.

C. Enfin je voudrois que le prédicateur, quel qu'il
fût, fît ses sermons de manière qu'ils ne lui fussent
point fort pénibles, et qu'ainsi il pût prêcher souvent.
Il faudroit que tous ses sermons fussent courts, et qu'il
pût, sans s'incommoder et sans lasser le peuple, prêcher tous les dimanches après l'évangile. Apparemment
ces anciens évêques, qui étoient fort âgés, et chargés
de tant de travaux, ne faisoient pas autant de cérémonie que nos prédicateurs pour parler au peuple,
au milieu de la messe qu'ils disoient eux-mêmes solen-
nellement tous les dimanches. Maintenant, afin qu'un
prédicateur ait bien fait[4], il faut qu'en sortant de chaire
il soit tout en eau, hors d'haleine et incapable d'agir
le reste du jour. La chasuble, qui n'étoit point alors
échancrée à l'endroit des épaules comme à présent, et
qui pendoit en rond également de tous les côtés, les
empêchoit apparemment de remuer autant les bras que
nos prédicateurs les remuent. Ainsi leurs sermons
étoient courts, et leur action grave et modérée. Hé
bien, Monsieur, tout cela n'est-il pas selon vos principes? N'est-ce pas là l'idée que vous nous donnez des
sermons?

1. Écrit vers l'an 400. Voyez le tome VI des OEuvres de S. Augustin,
p. 263-296.

2. « Le *Pédagogue* est un abrégé de toute la morale chrétienne, composé
principalement pour les catéchumènes : car Clément étoit chargé de leur
instruction. Il tend à les guérir de leurs passions et de leurs mauvaises habitudes, et à les préparer à la doctrine de l'Église. Il est divisé en trois
livres : etc. » FLEURY, *Hist. ecclésiastique*, l. IV, n. XXXVII.

3. Entre autres, Origène, l'an 203, n'ayant encore que dix-huit ans. Voy.
Fleury, *Hist. ecclésiastique*, l. V, n. XX.

4. C'est-à-dire, ait bien parlé, ait réussi. Voy. p. 45, note 2.

A. Ce n'est pas la mienne, c'est celle de l'antiquité[1]. Plus j'entre dans le détail, plus je trouve que cette ancienne forme des sermons étoit la plus parfaite. C'étoient de grands hommes, des hommes non seulement fort saints, mais très-éclairés sur le fond de la Religion[2], et sur la manière de persuader les hommes, qui s'étoient appliqués à régler toutes ces circonstances. Il y a une sagesse merveilleuse cachée sous cet air de simplicité. Il ne faut pas s'imaginer qu'on ait pu dans la suite trouver rien de meilleur. Vous avez, Monsieur, expliqué tout cela parfaitement bien, et vous ne m'avez laissé rien à dire : vous développez bien mieux ma pensée que moi-même.

B. Vous élevez bien haut l'éloquence et les sermons des Pères[3].

A. Je ne crois pas en dire trop.

B. Je suis surpris de voir qu'après avoir été si rigoureux contre les orateurs profanes qui ont mêlé des jeux d'esprit dans leurs discours, vous soyez si indulgent pour les Pères, qui sont pleins de jeux de mots, d'antithèses et de pointes fort contraires à toutes vos règles. De grace, accordez-vous avec vous-même, développez-nous tout cela : par exemple, que pensez-vous du style de Tertullien?

A. Il y a des choses très-estimables dans cet auteur. La grandeur de ses sentiments est souvent admirable; d'ailleurs il faut le lire pour certains principes sur la tradition, pour les faits d'histoire et pour la discipline de son temps; mais pour son style, je n'ai garde de le

----

1. Dans cette critique, souvent très-vive, de la manière de prêcher de ses contemporains, Fénelon se met habilement à l'abri derrière la discipline et les usages de l'ancienne Église. Ainsi font La Bruyère, Fleury et Rollin.

2. Voyez la note 2 de la p. 115.

3. Le personnage *B* reparait enfin, comme pour rompre une dernière lance en faveur des prédicateurs à la mode; cela donne lieu à une discussion nouvelle, ou plutôt à une revue rapide, mais animée, des premiers orateurs chrétiens et des Pères. Ce qui en a été dit plus haut était trop général; il fallait y revenir avec quelque détail : c'est ce que l'auteur fait ici très à propos et d'une manière ingénieuse.

délendre [1]. Il a beaucoup de pensées fausses et obscures, beaucoup de métaphores dures et entortillées [2]. Ce qui est mauvais en lui, est ce que la plupart des lecteurs y cherchent le plus. Beaucoup de prédicateurs se gâtent dans cette lecture. L'envie de dire quelque chose de singulier les jette dans cette étude. La diction de Tertullien, qui est extraordinaire et pleine de faste, les éblouit. Il faudroit donc bien se garder d'imiter ses pensées et son style; mais on devroit tirer de ses ouvrages ses grands sentiments, et la connoissance de l'antiquité.

B. Mais saint Cyprien, qu'en dites-vous? N'est-il pas aussi bien enflé?

A. Il l'est sans doute : on ne pouvoit guère être autrement dans son siècle et dans son pays [3]. Mais, quoique son style et sa diction sentent l'enflure de son temps et la dureté africaine, il a pourtant beaucoup de force et d'éloquence. On voit partout une grande ame, une ame éloquente, qui exprime ses sentiments d'une manière noble et touchante. On y trouve en quelques endroits des ornements affectés, par exemple, dans l'Épître à Donat, que saint Augustin cite néanmoins [4] comme une épître pleine d'éloquence. Ce Père dit que Dieu a permis que ces traits d'une éloquence affectée aient

---

1. De tous les Pères de l'Église, Tertullien est peut-être celui qui prête le plus à la critique par les défauts de son esprit et les vices de sa diction. Il avait plus d'imagination et de mémoire que de jugement et de goût, et l'on admire en lui plutôt des phrases brillantes et de belles images que des raisonnements solides et des pensées vraies. Il faut comparer ici le jugement peu favorable qu'en porte Malebranche dans la *Recherche de la Vérité*, l. II, 3e partie, ch. III (et le IXe éclaircissement sur le même livre).

2. « Tertullianus creber est in sententiis, sed difficilis in loquendo.» S. Jérôme, *Epist.* XLIX ; t. IV, 2e partie, p 675.

3. Thascius Cæcilius Cyprianus, évêque de Carthage en 249, souffrit le martyre dans cette ville en 258. Voy. Fleury, *Hist. ecclés.* l. VI, n. XXII, et l. VII, n. XL-XLI. Cyprien est un disciple et un imitateur de Tertullien.

4. *De Doctr. christ.* IV, XIV, 31. — Cette lettre de S. Cyprien est la première dans l'édition de Baluze (1726, in-fol.). S. Augustin (*ibid.* XXI, 45-49) cite d'autres passages de ce Père comme exemples de style simple, tempéré, et sublime. Rollin en donne aussi un extrait dans le *Traité des Études*, l. IV, ch. II, art. I, § 3. — Compar. *Lettre à l'Académie*, p. 36.

échappé à saint Cyprien, pour apprendre à la postérité combien l'exactitude chrétienne a châtié dans tout le reste de ses ouvrages ce qu'il y avoit d'ornements superflus dans le style de cet orateur, et qu'elle l'a réduit dans les bornes d'une éloquence plus grave et plus modeste. C'est, continue saint Augustin, ce dernier caractère, marqué dans toutes les Lettres suivantes de saint Cyprien, qu'on peut aimer avec sûreté, et chercher suivant les règles de la plus sévère Religion, mais auquel on ne peut parvenir qu'avec beaucoup de peine. Dans le fond, l'Épître de saint Cyprien à Donat, quoique trop ornée au jugement même de saint Augustin, mérite d'être appelée éloquente. Car, encore qu'on y trouve, comme il dit, un peu trop de fleurs semées, on voit bien néanmoins que le gros de l'épître est très-sérieux, très-vif et très-propre à donner une idée du Christianisme à un païen qu'on veut convertir. Dans les endroits où saint Cyprien s'anime fortement, il laisse là tous les jeux d'esprit ; il prend un tour véhément et sublime.

B. Mais saint Augustin dont vous parlez, n'est-ce pas l'écrivain du monde le plus accoutumé à se jouer des paroles ? Le défendrez-vous aussi ?

A. Non, je ne le défendrai point là-dessus. C'est le défaut de son temps, auquel son esprit vif et subtil lui donnoit une pente naturelle[1]. Cela montre que saint Augustin n'a pas été un orateur parfait ; mais cela n'empêche pas qu'avec ce défaut il n'ait eu un grand talent pour la persuasion. C'est un homme qui raisonne avec une force singulière, qui est plein d'idées nobles, qui connoît le fond du cœur de l'homme, qui est poli et attentif à garder dans tous ses discours la plus étroite bienséance, qui s'exprime enfin presque toujours d'une manière tendre, affectueuse et insinuante. Un tel homme

---

1. Sur S. Augustin, voy. M. Villemain, *Tableau de l'éloq. chrétienne*, p. 373-513.

ne mérite-t-il pas qu'on lui pardonne le défaut que nous reconnoissons en lui?

C. Il est vrai que je n'ai jamais trouvé qu'en lui seul une chose que je vais vous dire : c'est qu'il est touchan lors même qu'il fait des pointes. Rien n'en est plus rempli que ses *Confessions* et ses *Soliloques.* Il faut avouer qu'ils sont tendres et propres à attendrir le lecteur.

A. C'est qu'il corrige le jeu d'esprit, autant qu'il est possible, par la naïveté de ses mouvements et de ses affections[1]. Tous ses ouvrages portent le caractère de l'amour de Dieu : non seulement il le sentoit, mais il savoit merveilleusement exprimer au dehors les sentiments qu'il en avoit. Voilà la tendresse qui fait une partie de l'Éloquence. D'ailleurs nous voyons que saint Augustin connoissoit bien le fond des véritables règles. Il dit qu'un discours, pour être persuasif, doit être simple, naturel; que l'art doit y être caché, et qu'un discours qui paroît trop beau met l'auditeur en défiance[2]. Il y applique ces paroles que vous connoissez, *Qui sophistice loquitur odibilis est*[3]. Il traite aussi avec

---

1. C'est-à-dire, de ses sentiments tendres et pathétiques; ce que les rhéteurs latins appellent *animi affectus mites.* — « On ne retrouve pas, dit M. Villemain, dans l'évêque d'Hippone ce beau langage et ces graces éloquentes de l'Asie chrétienne. Il ne parle pas pour Antioche et pour Césarée; il est plus sérieux et plus inculte : souvent il est barbare sans être simple, parce que la barbarie d'un peuple en décadence a quelque chose de subtil et de contourné. Mais son ame est inépuisable en émotions neuves et pénétrantes. C'est par là qu'il ravissait les cœurs, qu'il faisait tomber les armes des mains à des hommes féroces, accoutumés a s'entre-déchirer dans une fête annuelle. Nul art, nulle méthode ne règne dans ses discours. Ils diffèrent autant des belles homélies de Chrysostome, que les mœurs rudes des marins d'Hippone s'éloignaient des arts et du luxe de Constantinople. Lorsque S. Augustin parlait dans Carthage, son style devenait plus pompeux et plus fleuri; mais sa puissance était toujours la même, celle qu'il demande à l'orateur chrétien, le don des larmes. Cette tendre vivacité d'ame qui jette tant de charme dans ses Confessions, revit jusqu'au milieu des épines de sa théologie. Moins élevé, moins brillant que les Basile et les Chrysostome, il a quelque chose de plus profond. Il est moins éloquent, mais plus évangélique; car il parle davantage au cœur de l'homme. » *Tableau de l'éloq. chrétienne,* p. 511.

2. Voy. *de Doctr. christ.* II, XXXI, 48, et *contra Cresconium,* 1, II. 3.

3. Dans l'*Ecclésiastique,* XXXVII, 23.

beaucoup de science l'arrangement des choses, le mélange des divers styles, les moyens de faire toujours croître le discours, la nécessité d'être simple et familier même pour les tons de la voix, et pour l'action en certains endroits, quoique tout ce qu'on dit soit grand quand on prêche la Religion ; enfin la manière de surprendre et de toucher[1]. Voilà les idées de saint Augustin sur l'Éloquence. Mais voulez-vous voir combien dans la pratique il avoit l'art d'entrer dans les esprits, et combien il cherchoit à émouvoir les passions, selon le vrai but de la Rhétorique? lisez ce qu'il rapporte lui-même d'un discours qu'il fit au peuple à Césarée de Mauritanie, pour faire abolir une coutume barbare[2]. Il s'agissoit d'une coutume ancienne, qu'on avoit poussée jusqu'à une cruauté monstrueuse, c'est tout dire. Il s'agissoit d'ôter au peuple un spectacle dont il étoit charmé : jugez vous-même de la difficulté de cette entreprise. Saint Augustin dit qu'après avoir parlé quelque temps, ses auditeurs s'écrièrent et lui applaudirent. Mais il jugea que son discours ne persuaderoit point, tandis qu'on s'amuseroit à lui donner des louanges. Il ne compta donc pour rien le plaisir et l'admiration de l'auditeur, et il ne commença à espérer que quand il vit couler des larmes. En effet, ajoute-t-il, le peuple renonça à ce spectacle, et il y a huit ans qu'il n'a point été renouvelé. N'est-ce pas là un vrai orateur? Avons-nous des prédicateurs qui soient en état d'en faire autant? Saint Jérôme a encore ses défauts pour le style[3], mais ses expressions sont mâles et grandes. Il n'est pas régulier, mais il est bien plus éloquent que la

1. Voy. *de Doctr. christ.* l. IV, c. x et suivants. — Compar. IIe Dialogue, p. 78.

2. *De Doctr. christ.* IV, XXIV, 53. Voyez le passage tout entier dans la *Lettre à l Académie*, sect. IV, p. 38.

3. Il dit lui-même, dans son *Commentaire sur Ezéchiel* (l. XII. c XL) : « Non curæ nobis est vitare sermonum vitia, sed Scripturæ sanctæ obscuritatem quibuscumque verbis disserere. » Sur S. Jérôme, voy. M. Villemain, *Tabl. de l'éloq. chrétienne*, p. 329-365.

plupart des gens qui se piquent de l'être. Ce seroit juger
en petit grammairien, que de n'examiner les Pères que
par la langue et le style[1] (vous savez bien qu'il ne faut
pas confondre l'Éloquence avec l'élégance et la pureté
de la diction). Saint Ambroise suit aussi quelquefois la
mode de son temps. Il donne à son discours les ornements qu'on estimoit alors[2]. Peut-être même que ces
grands hommes qui avoient des vues plus hautes que
les règles communes de l'Éloquence, se conformoient
au goût du temps, pour faire écouter avec plaisir la parole de Dieu, et pour insinuer les vérités de la Religion.
Mais après tout, ne voyons-nous pas saint Ambroise,
nonobstant quelques jeux de mots, écrire à Théodose
avec une force et une persuasion inimitable[3]? Quelle
tendresse n'exprime-t-il pas quand il parle de la mort
de son frère Satyre[4]? Nous avons même dans le Bré-

1. Compar. *Lettre à l'Académie*, p. 51-52. Fleury dit aussi, avec beaucoup de justesse : « Il ne faut pas s'imaginer que les Pères en soient moins
éloquents, pour ne pas parler le grec et le latin aussi purement que les anciens orateurs. Il faut bien distinguer l'éloquence de l'élocution, qui n'en
est que l'écorce. Quelque langue que l'on parle, et quelque mal qu'on la parle,
on sera éloquent, si l'on sait choisir les meilleures raisons, et les bien ar-
ranger; si l'on emploie des images vives et des figures convenables. Le
discours ne sera pas moins persuasif, mais seulement moins agréable. Il ne
faut pas comparer les Pères, si l'on veut leur faire justice, à Démosthène
et à Cicéron, qui ont vécu tant de siècles auparavant. Il faut les comparer à
ceux qui ont excellé de leur temps : S. Ambroise à Symmaque, S. Basile à
Libanius. Quelle différence vous y trouverez ! etc. » IIe *Discours*, n. XVI.

2. « L'imagination de S. Ambroise est animée de toutes les inspirations
du génie profane; son style ingénieux et brillant se pare quelquefois avec
trop peu de discrétion des ornements que sa mémoire emprunte aux écrivains de l'ancienne Rome. C'est un chrétien, disciple des poètes profanes.
Sa diction porte cependant la marque de son siècle, et n'est exempte ni
d'affectation ni de rudesse. » M. VILLEMAIN, *Tableau de l'éloq. chrétienne*,
p. 542.

3. Par exemple, au sujet du rétablissement, ordonné par l'empereur, d'une
synagogue que les Chrétiens avaient incendiée en Palestine (*S. Ambrosii
oper.* t. II, p. 946-955, de l'édit. des Bénédictins), et surtout à l'occasion du
fameux massacre de Thessalonique en 390 (*ibid.* p. 997-1001). Voy. Fleury,
Hist. ecclésiastique, l. XIX, n. XIV, et XX-XXI, et M. Villemain, *Tableau de
l'éloq. chrétienne*, p. 323-327.

4. *De excessu fratris sui Satyri libri II* (scripti anno 379); t. II,
p. 1113-1170. Voici un passage touchant, dont Bossuet s'est souvenu dans
l'Oraison funèbre d'Henriette d'Angleterre : « Nihil mihi profuit ultimos
hausisse anhelitus, nihil flatus in os inspirasse morienti; putabam enim
quod aut tuam mortem ipse susciperem, aut meam vitam in te ipse transfun-
derem. O infelicia illa, sed tamen dulcia, suprema osculorum pignora! O

viaire romain un discours de lui sur la tête de saint
Jean, qu'Hérode respecte et craint encore après sa
mort[1] : prenez-y garde, vous en trouverez la fin sublime. Saint Léon est enflé, mais il est grand. Saint
Grégoire pape étoit encore dans un siècle pire[2] : il a
pourtant écrit plusieurs choses avec beaucoup de force
et de dignité. Il faut savoir distinguer ce que le malheur
du temps a mis dans ces grands hommes, comme dans
tous les autres écrivains de leurs siècles, d'avec ce que
leur génie et leurs sentiments leur fournissoient pour
persuader leurs auditeurs.

C. Mais quoi! tout étoit donc gâté, selon vous, pour
l'Éloquence, dans ces siècles si heureux pour la Religion?

A. Sans doute; peu de temps après l'empire d'Auguste, l'Éloquence et la langue latine même n'avoient
fait que se corrompre. Les Pères ne sont venus qu'après
ce déclin; ainsi il ne faut pas les prendre pour des modèles sûrs en tout. Il faut même avouer que la plupart
des sermons que nous avons d'eux sont leurs moins
forts ouvrages. Quand je vous montrois tantôt[3], par le
témoignage des Pères, que l'Écriture est éloquente, je

amplexus miseri, inter quos exanimum corpus obriguit, halitus supremus
evanuit! Stringebam quidem brachia, sed jam perdideram quem tenebam;
et extremum spiritum ore relegebam, ut consortium mortis haurirem... »
(L. I. n. XIX, p. 1118.) Pour plus de détails, voy. Fleury, *Hist. ecclés.*
l. XVII, n. XL, et M. Villemain, dans l'*Essai sur l'Oraison funèbre*, où il
dit que ce discours est le meilleur que S. Ambroise ait prononcé.

1. Dans le traité *de Virginibus*, l. III, c. VI (t. II, p. 181-2). Voici la fin
de ce discours : « Intuere, rex acerbissime, tuo spectacula digna convivio.
Porrige dexteram, ne quid sævitiæ tuæ desit, ut inter digitos tuos rivi
defluant sancti cruoris. Et quoniam non exsaturari epulis fames, non re-
stingui poculis potuit inauditæ sævitiæ sitis, bibe sanguinem scaturientibus
adhuc venis exsecti capitis profluentem. Cerne oculos in ipsa morte sceleris
tui testes, aversantes conspectum deliciarum. Clauduntur lumina non tam
mortis necessitate, quam horrore luxuriæ. Os aureum illud exsangue, cujus
sententiam ferre non poteras, conticescit, et adhuc times. Lingua tamen, quæ
solet etiam post mortem officium servare viventis, palpitante licet motu,
damnabat incestum. Portatur hoc caput ad Herodiadem : lætatur, exsultat,
quasi crimen evaserit, quia judicem trucidavit. »

2. Saint Léon le Grand fut pape de 440 à 461; saint Grégoire le Grand,
de 590 à 604.

3. Dans ce même Dialogue, p. 93.

songeois en moi-même que c'étoient des témoins dont l'éloquence est bien inférieure à celle que vous n'avez crue que sur leur parole. Il y a des gens d'un goût si dépravé, qu'ils ne sentiront pas les beautés d'Isaïe, et qu'ils admireront saint Pierre Chrysologue[1], en qui, nonobstant le beau nom qu'on lui a donné, il ne faut chercher que le fonds de la piété évangélique sous une infinité de mauvaises pointes. Dans l'Orient, la bonne manière de parler et d'écrire se soutint davantage. La langue grecque s'y conserva presque dans sa pureté. Saint Chrysostome la parloit fort bien; son style, comme vous savez, est diffus; mais il ne cherche point de faux ornements[2] : tout tend à la persuasion; il place chaque chose avec dessein; il connoît bien l'Écriture sainte et les mœurs des hommes; il entre dans les cœurs, il rend les choses sensibles; il a des pensées hautes et solides, et il n'est pas sans mouvements. Dans son tout[3], on peut dire que c'est un grand orateur. Saint Grégoire de Nazianze est plus concis et plus poétique, mais un peu moins appliqué à la persuasion. Il a néanmoins des endroits fort touchants, par exemple, son Adieu à Constantinople[4], et l'Éloge funèbre de saint Basile[5]. Celui-ci est grave, sentencieux, austère même dans la diction[6]. Il avoit profondément médité tout le détail de l'Évangile; il connoissoit à fond les maladies de l'homme, et c'est un grand maître pour le régime des ames. On ne peut rien voir de plus éloquent que son

1. Evêque de Ravenne en 430, mort en 452. On a de lui 176 discours, recueillis au VIIIe siècle par Félix, un de ses successeurs; ils ont été publiés à Venise, en 1750, in-fol.

2. Sur l'éloquence et le style de S. Chrysostome, voy. M. Villemain, *Tableau de l'éloq. chrétienne*, p. 190 et 216; et dans Rollin (*Tr. des Etudes*, l. IV, ch. II, art. I, § 3). des extraits importants de ses discours.

3. Latinisme : *in summa*.

4. Voy. M. Villemain, *ibid.* p. 141, et le *Choix des Pères grecs* de M. de Sinner, p. 133-142.

5. Voy. l'*Essai sur l'Oraison funèbre*, par M. Villemain. S. Grégoire de Nazianze a composé encore l'oraison funèbre de son frère Césaire, de sa sœur Gorgonia, de son père, et l'éloge de S. Athanase.

6. Voy. M. Villemain, *Tabl. de l'éloq. chrétienne*, p. 130 et suivantes.

6.

Épître à une vierge qui étoit tombée [1]. A mon sens c'est un chef-d'œuvre. Si on n'a un goût formé sur tout cela, on court risque de prendre dans les Pères ce qu'il y a de moins bon, et de ramasser leurs défauts dans les sermons que l'on compose.

C. Mais combien a duré cette fausse éloquence que vous dites qui succéda à la bonne?

A. Jusqu'à nous.

C. Quoi! jusqu'à nous?

A. Oui, jusqu'à nous, et nous n'en sommes pas encore autant sortis que nous le croyons. Vous en comprendrez bientôt la raison. Les Barbares qui inondèrent l'Empire Romain mirent partout l'ignorance et le mauvais goût. Nous venons d'eux, et quoique les Lettres aient commencé à se rétablir dans le quinzième siècle, cette résurrection a été lente [2]. On a eu de la peine à revenir à la bonne voie; et il y a encore bien des gens fort éloignés de la connoître. Il ne faut pas laisser de respecter non seulement les Pères, mais encore les auteurs pieux qui ont écrit dans ce long intervalle. On y apprend la tradition de leur temps, et on y trouve plusieurs autres instructions très-utiles. Je suis tout honteux de décider ici; mais souvenez-vous, Messieurs, que vous l'avez voulu, et que je suis tout prêt à me dédire, si on me fait apercevoir que je me sois trompé. Il est temps de finir cette conversation.

C. Nous ne vous mettrons point en liberté, que vous n'ayez dit votre sentiment sur la manière de choisir un texte [3].

---

1. Πρὸς παρθίνον ἰχπισοῦσαν. Épître XLVI; t. III. p. 135-140. Comparez un discours sur un sujet semblable, *de lapsu virginis consecratæ*, dans les œuvres de S. Ambroise, t. II, p. 305-320.

2. Fénelon a exprimé plusieurs fois la même idée, entre autres, dans la *Lettre à l'Académie*, p. 30 et 97.

3. L'auteur semble ici profiter de la liberté irrégulière d'une conversation pour traiter en finissant quelques questions accessoires; mais ces questions sont de véritables corollaires des propositions précédentes, et c'est une manière agréable de résumer avec précision des idées indiquées déjà plusieurs fois dans le cours du dialogue.

A. Vous comprenez bien que les textes viennent de ce que les pasteurs ne parloient jamais autrefois au peuple de leur propre fonds. Ils ne faisoient qu'expliquer les paroles du texte de l'Écriture. Insensiblement on a pris la coutume de ne plus suivre toutes les paroles de l'Évangile; on n'en explique plus qu'un seul endroit, qu'on nomme le texte du sermon. Si donc on ne fait pas une explication exacte de toutes les parties de l'Évangile, il faut au moins en choisir les paroles qui contiennent les vérités les plus importantes et les plus proportionnées au besoin du peuple; il faut les bien expliquer; et d'ordinaire, pour bien faire entendre la force d'une parole, il faut en expliquer beaucoup d'autres qui la précèdent et qui la suivent. Il n'y faut chercher rien de subtil. Qu'un homme a mauvaise grace de vouloir faire l'inventif et l'ingénieux, lorsqu'il devroit parler avec toute la gravité et l'autorité du Saint-Esprit, dont il emprunte les paroles!

C. Je vous avoue que les textes forcés m'ont toujours déplu. N'avez-vous pas remarqué qu'un prédicateur tire d'un texte tous les sermons qu'il lui plaît? Il détourne insensiblement la matière pour ajuster son texte avec le sermon qu'il a besoin de débiter[1]; cela se fait surtout dans les Carêmes. Je ne puis l'approuver.

B. Vous ne finirez pas, s'il vous plaît, sans m'avoir encore expliqué une chose qui me fait de la peine. Après cela je vous laisse aller.

A. Hé bien, voyons si je pourrai vous contenter; j'en ai grande envie : car je souhaite fort que vous employiez

---

1. « Peut-être, dit Voltaire en parlant de Bourdaloue, serait-il à souhaiter qu'en bannissant de la chaire le mauvais goût qui l'avilissait, il en eût banni aussi cette coutume de prêcher sur un texte. En effet, parler longtemps sur une citation d'une ligne ou deux, se fatiguer à composer tout son discours sur cette ligne, un tel travail paraît un jeu peu digne de la gravité de ce ministère. Le texte devient une espèce de devise, ou plutôt d'énigme, que le discours développe. Jamais les Grecs et les Romains ne connurent cet usage. C'est dans la décadence des Lettres qu'il commença, et le temps l'a consacré. » *Siècle de Louis XIV,* ch. XXXII.

votre talent à faire des sermons simples et persuasifs.

B. Vous voulez qu'un prédicateur explique de suite et littéralement l'Écriture sainte.

A. Oui, cela seroit admirable.

B. Mais d'où vient donc que les Pères ont fait autrement? Ils sont toujours, ce me semble, dans les sens spirituels[1]. Voyez saint Augustin, saint Grégoire, saint Bernard; ils trouvent des mystères sur tout : ils n'expliquent guère la lettre.

A. Les Juifs du temps de Jésus-Christ étoient devenus fertiles en sens mystérieux et allégoriques. Il paroît que les Thérapeutes[2], qui demeuroient principalement à Alexandrie, et que Philon dépeint comme des Juifs philosophes, mais qu'Eusèbe prétend être les premiers Chrétiens, étoient tous adonnés à ces explications de l'Écriture. C'est dans la même ville d'Alexandrie que les allégories ont commencé à avoir quelque éclat parmi les Chrétiens[3]. Le premier des Pères qui s'est écarté de

1. Voyez p. 115, note 1, et consultez le *Dictionnaire de Théologie*, par Bergier, au mot *Écriture sainte*, § III.

2. Les Thérapeutes étaient des Juifs adonnés à la vie contemplative, qui formèrent tout d'abord la majeure partie de l'Église d'Alexandrie, fondée par S. Marc. Il y en avait en plusieurs endroits, mais surtout en Égypte, près du lac Mœris et aux environs d'Alexandrie. Ils fuyaient les villes et demeuraient à la campagne, dans des maisons séparées : chacun avait son oratoire (σεμνεῖον ou μοναστήριον). La tempérance était leur vertu fondamentale; leurs occupations, la prière, la méditation et la lecture des livres saints; ils expliquaient l'Écriture d'après le sens allégorique, qui pour eux en était l'âme. Voy. Fleury, *Hist. ecclésiastique*, l. II, n. VI. Tout ce que l'on sait des Thérapeutes se trouve dans le traité de Philon *sur la Vie contemplative* (Περὶ βίου θεωρητικοῦ), et dans l'*Histoire ecclésiastique* d'Eusèbe, l. II, c. XVII. Le livre de Philon a été publié en français par le P. Montfaucon, en 1709 (in-12); il se trouve aussi presque en entier au milieu de divers fragments de Josèphe et de Philon sur les Esséniens, traduits par Racine, et imprimés de nos jours seulement dans ses œuvres. Quant au point très-douteux de savoir si les Thérapeutes étaient de véritables chrétiens, comme le soutient Montfaucon dans ses Observations jointes au traité *de la Vie contemplative*, on ne peut que renvoyer à l'ouvrage intitulé : *Lettres pour et contre, sur la fameuse question, si les solitaires appelés Thérapeutes étoient chrétiens* (Paris, 1712), où le président Bouhier cherche à établir contre le savant Bénédictin que les Thérapeutes n'étaient qu'une secte de philosophes juifs.

3. Il est remarquable que c'est à Alexandrie qu'ont brillé, à deux siècles d'intervalle, les deux maîtres les plus célèbres dans l'explication allégorique de l'Écriture, Philon parmi les Juifs, et Origène chez les Chrétiens.

la lettre a été Origène [1]. Vous savez le bruit qu'il a fait
dans l'Église. La piété inspire d'abord ces interprétations. Elles ont quelque chose d'ingénieux, d'agréable
et d'édifiant. La plupart des Pères suivant le goût des
peuples de ces temps [2], et apparemment le leur propre,
s'en sont beaucoup servis; mais ils recouroient toujours fidèlement au sens littéral et au prophétique, qui
est littéral en sa manière, dans toutes les choses où il
s'agissoit de montrer les fondements de la doctrine.
Quand les peuples étoient parfaitement instruits de ce
que la lettre leur devoit apprendre, les Pères leur don-
noient ces interprétations spirituelles pour les édifier et
pour les consoler. Ces explications étoient fort au goût
surtout des Orientaux, chez qui elles ont commencé;
car ils sont naturellement passionnés pour le langage
mystérieux et allégorique. Cette variété de sens leur
faisoit un plaisir sensible, à cause des fréquents sermons et des lectures presque continuelles de l'Écriture,
qui étoient en usage dans l'Église. Mais parmi nous, où
les peuples sont infiniment moins instruits, il faut courir
au plus pressé, et commencer par le littéral, sans manquer de respect pour les sens pieux, qui ont été donnés par les Pères. Il faut avoir du pain avant que de
chercher des ragoûts. Sur l'explication de l'Écriture on
ne peut mieux faire que d'imiter la solidité de saint
Chrysostome. La plupart des gens de notre temps ne
cherchent point les sens allégoriques parce qu'ils ont

1. Sur Origène, ses travaux et ses erreurs, voy. Fleury, *Hist. ecclés.*
l. V; Bergier, *Dict. de Théologie*, aux mots *Allégorie, Origène*, etc. « Il
n'avance rien, dit Fleury (parlant de son traité *des Principes*, où sont ren-
fermées ses principales erreurs), qu'il n'appuye de quelque passage de
l'Écriture, mais souvent dans le sens détourné. Il distingue très-bien les
trois sens de l'Écriture, le littéral ou grammatical, le figuré ou allégorique, et l'anagogique ou mystique; il montre les erreurs des Juifs et des
hérétiques qui ont pris trop à la lettre des expressions figurées, et de ceux
qui ont voulu trouver des mystères partout. Mais il se trompe souvent dans
l'application de ces règles; il donne trop au sens mystique, et néglige trop
le littéral. » (l. V, n. LIV.)
2. Dans les éditions de 1787 et de 1824, *de ce temps.*

déjà assez expliqué tout le littéral[1] ; mais ils abandonnent le littéral parce qu'ils n'en conçoivent point la grandeur, et qu'ils le trouvent sec et stérile par rapport à leur manière de prêcher. On trouve toutes les vérités et tout le détail des mœurs dans la lettre de l'Écriture sainte ; et on l'y trouve non seulement avec une autorité et une beauté merveilleuse, mais encore avec une abondance inépuisable[2]. En s'y attachant, un prédicateur auroit toujours sans peine un grand nombre de choses nouvelles et grandes à dire. C'est un mal déplorable de voir combien ce trésor est négligé par ceux mêmes qui l'ont tous les jours entre les mains. Si on s'attachoit à cette méthode ancienne de faire des homélies, il y auroit deux sortes de prédicateurs : les uns qui[3], n'ayant ni la vivacité ni le génie poétique, expliqueroient simplement l'Écriture, sans en prendre le tour noble et vif. Pourvu qu'ils le fissent d'une manière solide et exemplaire, ils ne laisseroient pas d'être d'excellents prédicateurs ; ils auroient ce que demande saint Ambroise, une diction pure, simple, claire, pleine de poids et de gravité, sans y affecter l'élégance, ni mépriser la douceur et l'agrément[4]. Les autres, ayant le génie poétique, expliqueroient l'Écriture avec le style et les figures de l'Écriture même, et ils seroient par là des prédicateurs achevés[5]. Les uns

1. C'est-à-dire, ce n'est point parce qu'ils ont déjà expliqué tout le littéral que les gens de notre temps cherchent le sens allégorique ; mais, etc.

2. L'édition de 1718 met le point après les mots *en s'y attachant*, ce qui fait un mauvais sens.

. Les éditeurs de 1787 et de 1824 ont supprimé le *qui*, pour rendre la phrase plus régulière ; mais cette irrégularité n'est pas une faute.

4. « Oratio pura, simplex. dilucida atque manifesta, plena gravitatis et ponderis, non affectata elegantia, sed non intermissa gratia. » *De Officiis ministrorum*, I, XXII, 101.

5. Bossuet et Fénelon, presque seuls parmi nous, ont eu le secret de cette manière de prêcher vive et originale, qui s'inspire du génie et du style même de l'Écriture sainte ; mais ils n'en ont pas fait usage dans une mesure égale. Cette force d'imagination, que Fénelon appelle le génie poétique (voy. p. 53, note 3), n'est, en général, chez Bossuet, que l'accompagnement d'une raison et d'une science supérieure ; au contraire elle semble, dans Fénelon, faire le fonds principal, et dominer tout le reste, comme il paraît dans son

instruiroient d'une manière forte et vénérable ; les autres ajouteroient à la force de l'instruction la sublimité, l'enthousiasme et la véhémence de l'Écriture ; en sorte qu'elle seroit, pour ainsi dire, toute entière et vivante en eux, autant qu'elle peut l'être dans des hommes qui ne sont point miraculeusement inspirés d'en haut.

B. Ha ! Monsieur, j'oubliois un article important : attendez, je vous prie, je ne vous demande plus qu'un mot.

A. Faut-il censurer encore quelqu'un ?

B. Oui, les panégyristes[1]. Ne croyez-vous pas que quand on fait l'éloge d'un Saint, il faut prendre son caractère, et réduire toutes ses actions et toutes ses vertus à un point[2] ?

A. Cela sert à montrer l'invention et la subtilité de l'orateur.

B. Je vous entends : vous ne goûtez pas cette méthode.

A. Elle me paroît fausse pour la plupart des sujets. C'est forcer les matières, que de les vouloir toutes

---

sermon, d'ailleurs si beau, *pour la fête de l'Épiphanie.* La supériorité du maître sur le disciple ne se montre pas moins dans la connaissance et l'application de l'Écriture : Bossuet en est pour ainsi dire rempli, et il la répand dans son style sans plus d'effort que son propre langage, tant elle lui est familière ; Fénelon est loin de la posséder et de l'employer aussi bien, quoiqu'il la cite beaucoup, et on peut croire qu'il en avait un sentiment moins vif que des beautés des poètes grecs et latins.

1. Voy. le Ier Dialogue, p. 25. Ici Fénelon veut parler surtout des Panégyriques des Saints, genre de discours religieux fort en usage au XVIIe et au XVIIIe siècle, et qui n'étaient guère que des sermons sous une forme différente. « Les autres sermons, dit Fléchier, expliquent la croyance par les mystères, convainquent la raison par la doctrine ; les Panégyriques déterminent l'esprit et entretiennent le cœur par l'exemple. » Fléchier parle ainsi dans la Préface de ses Panégyriques, morceau écrit avec élégance, et utile à lire principalement dans la dernière partie : les défauts ordinaires des panégyristes y sont spirituellement relevés, et les difficultés du genre indiquées d'une manière délicate. Il faut aussi lire les deux derniers chapitres du Discours de Fleury *sur la Prédication,* où l'on retrouvera encore sur cette matière les idées de Fénelon.

2. Il y a quelque exagération dans cette critique ; mais on peut en effet reprendre dans la plupart des panégyriques de ce temps-là, comme dans les sermons, l'abus des divisions artificielles. On choisissait particulièrement une ou deux vertus du Saint pour expliquer toute sa vie, sa retraite, sa mort ; et on croyait par là donner une belle unité à un discours.

réduire à un seul point. Il y a un grand nombre d'actions dans la vie d'un homme qui viennent de divers principes, et qui marquent des qualités très-différentes. C'est une subtilité scholastique, et qui marque un orateur très-éloigné de bien connoître la nature, que de vouloir rapporter tout à une seule cause. Le vrai moyen de faire un portrait bien ressemblant, est de peindre un homme tout entier; il faut le mettre devant les yeux des auditeurs, parlant et agissant. En décrivant le cours de sa vie, il faut appuyer principalement sur les endroits où son naturel et sa grace[1] paroissent davantage; mais il faut un peu laisser remarquer ces choses à l'auditeur. Le meilleur moyen de louer le Saint, c'est de raconter ses actions louables[2]. Voilà ce qui donne du corps et de la force à un éloge; voilà ce qui instruit, voilà ce qui touche. Souvent les auditeurs s'en retournent sans savoir la vie du Saint, dont ils ont entendu parler une heure[3]. Tout au plus ils ont entendu beaucoup de pensées[4] sur un petit nombre de faits détachés et marqués sans suite. Il faudroit au contraire peindre le Saint au naturel, le montrer tel qu'il a été dans tous les âges, dans toutes les conditions, et dans les principales conjonctures où il a passé. Cela n'empêcheroit point qu'on ne remarquât son caractère; on le

1. C'est-à-dire sans doute, la grace opérant en lui.

2. On a déjà vu cette idée dans le IIe Dialogue, p. 86 (note 1).

3. C'était le défaut général de ces panégyriques, tantôt par la stérilité du sujet, tantôt par la mauvaise méthode du prédicateur, d'être pour ainsi dire vides, et de ne laisser rien dans l'esprit de l'auditeur. Fleury avoue que « c'est le genre de sermons le plus sujet à la fadeur et à l'ennui, où il se dit le plus de choses indignes de la chaire »; et plus loin : « Il faut, dit-il, remplir un sermon d'une heure : on se jette sur les belles pensées et sur les grands mots. » Fléchier lui-même ne se dissimule pas ce reproche : « Quelques-uns, écrit-il, diront peut-être que ces panégyriques sont des discours fleuris et infructueux, où le prédicateur, élevant son sujet par des pensées ingénieuses et subtiles, emploie tout son esprit à occuper celui de ses auditeurs pendant une heure; etc. » On voit aussi par ces divers passages que la durée ordinaire et obligée de ces discours était d'une heure entière : ce qui, en leur donnant une mesure uniforme et souvent excessive, ajoutait encore aux difficultés.

4. C'est-à-dire, de tirades brillantes et de phrases ingénieuses, dans le goût des *concetti* italiens. Voy. p. 58 et 74.

feroit même bien mieux remarquer par ses actions et par ses paroles, que par des pensées et des desseins d'imagination [1].

B. Vous voudriez donc faire l'histoire de la vie du Saint, et non pas son panégyrique?

A. Pardonnez-moi : je ne ferois point une narration simple. Je me contenterois de faire un tissu des faits principaux; mais je voudrois que ce fût un récit concis, pressé, vif, plein de mouvements. Je voudrois que chaque mot donnât une haute idée des Saints, et fût une instruction pour l'auditeur. A cela j'ajouterois toutes les réflexions morales que je croirois les plus convenables. Ne croyez-vous pas qu'un discours fait de cette manière auroit une noble et aimable simplicité? Ne croyez-vous pas que les vies des Saints en seroient mieux connues, et les peuples plus édifiés? Ne croyez-vous pas même, selon les règles de l'Éloquence que nous avons posées, qu'un tel discours seroit plus éloquent que tous ces panégyriques guindés qu'on voit d'ordinaire?

B. Je vois bien maintenant que ces sermons-là ne seroient ni moins instructifs, ni moins touchants, ni moins agréables que les autres. Je suis content, Monsieur, en voilà assez ; il est juste que vous alliez vous délasser. Pour moi, j'espère que votre peine ne sera pas inutile; car je suis résolu de quitter tous les recueils modernes [2] et tous les *pensieri* [3] italiens. Je veux étudier fort sérieusement toute la suite et tous les principes de la Religion dans ses sources.

C. Adieu, Monsieur. Pour tout remercîment, je vous assure que je vous croirai.

---

1. Fléchier appelle certains panégyriques des « sermons d'éclat, où l'imagination a plus de part que la raison, et où l'orateur songe moins à édifier qu'à plaire ».

2. Tels que ceux dont on a parlé dans le Iᵉʳ Dialogue, p. 44.

3 Ce mot désigne encore ces jeux d'esprit, ces pensées ou expressions raffinées et subtiles (*raffinamenti di pensieri, concetti,* etc.), qui ont toujours été du goût des Italiens, et qu'on trouve jusque dans leurs plus admirables auteurs.

A. Bonsoir, Messieurs, je vous quitte avec ces paroles de saint Jérôme à Népotien : *Quand vous enseignerez dans l'Église, n'excitez point les applaudissements, mais les gémissements du peuple. Que les larmes de vos auditeurs soient vos louanges. Il faut que les discours d'un prêtre soient pleins de l'Écriture sainte. Ne soyez pas un déclamateur, mais un vrai docteur des mystères de votre Dieu* [1].

1. « Docente te in Ecclesia, non clamor populi, sed gemitus suscitetur. Lacrimæ auditorum laudes tuæ sint. Sermo presbyteri Scripturarum lectione conditus sit : nolo te declamatorem esse et rabulam garrulumque sine ratione, sed mysteriorum peritum, et sacramentorum Dei tui eruditissimum. » *Epist.* XXXIV, t. IV, 2ᵉ partie, p. 262. — Les mots par lesquels La Bruyère termine son chapitre *de la Chaire* ne conviennent pas moins à la conclusion de ces Dialogues : « Que celui, dit-il, qui n'est pas encore assez parfait pour s'oublier soi-même dans le ministère de la parole sainte ne se décourage point par les règles austères qu'on lui prescrit, comme si elles lui ôtoient les moyens de faire montre de son esprit, et de monter aux dignités où il aspire. Quel plus beau talent que celui de prêcher apostoliquement ? et quel autre mérite mieux un évêché ? FÉNELON en étoit-il indigne ? auroit-il pu échapper au choix du Prince que par un autre choix ? » La dernière ligne de ce passage est une addition faite par La Bruyère à la quatrième édition de son livre, en 1689, Fénelon avait été nommé Précepteur du duc de Bourgogne le 17 août de la même année.

Le IIIᵉ Dialogue, comme il est dit à la fin du précédent, ne traite que de la parole de Dieu. Il contient non seulement une étude sur l'éloquence des Livres saints et des Pères de l'Église, mais surtout l'exposition de la méthode qui convient au vrai prédicateur, à savoir, la simplicité apostolique, unie à l'art d'instruire et de toucher, et soutenue de l'autorité du bon exemple. Pour instruire comme pour toucher, Fénelon veut que le prédicateur, ou pour mieux dire le pasteur, se fonde sur la foi, et sur une connaissance approfondie de l'Écriture, puis des Pères, qui l'ont expliquée dans les divers sens, et qui sont les canaux de la tradition. Selon lui, après une telle préparation, la prédication est facile à qui doit parler avec l'abondance du cœur, et non réciter des phrases froidement apprises. Il ne faut là rien d'inutile et de vague, mais au contraire une instruction suivie et méthodique sur tout le fond de la religion, que la plupart des gens ignorent, avec une application continuelle et de la doctrine et du style de l'Écriture ; il faut enfin une manière de prêcher toute chrétienne, et pour l'ordinaire, des sermons simples et courts, de véritables homélies, comme tout bon pasteur en peut faire, laissant aux grands orateurs, ou pour les grandes occasions, une forme d'éloquence plus poétique et plus brillante. Dans les panégyriques même, aussi bien que dans les sermons, on ne doit chercher que la vérité et l'utilité pratique, en mêlant partout les faits aux réflexions morales, dans un langage simple et noble, jamais guindé. En un mot, Fénelon demande que l'orateur sacré se montre un digne interprète de la parole de Dieu, et non un déclamateur.

FIN.

www.ingramcontent.com/pod-product-compliance
Ingram Content Group UK Ltd.
Pitfield, Milton Keynes, MK11 3LW, UK
UKHW020206130726
13696UKWH00002B/746